U0006849

# 大學的社會實踐和永續創新

Innovation and Sustainability:
Asia University SDGs Stories in Wufeng

## 由阿罩霧出發的
## SDGs 故事

蔡進發、柯慧貞——主編

時報出版

Contents

# 目　錄

# 推薦序 1 ——
# 善盡大學與企業社會責任，促進全球永續發展之願景

蔡長海
亞洲大學創辦人暨董事長

　　亞洲大學，創立於 2001 年，在董事會的支持、校長的領導、師生同仁的努力下，秉持「健康、關懷、創新、卓越」的精神，培育具備國際競爭力及創新知識的專業領域人才，積極發展智慧大學（Smart University），推動人工智慧（AI），加強產學合作及國際化，建立衍生企業，是一所前瞻、有遠見、充滿健康活力的學校，也是國內進步成長快速的大學之一，努力朝向打造亞洲大學及附屬醫院成為「世界卓越優秀的一流大學及醫學中心」之目標邁進。

　　創校 20 年來，亞洲大學不斷提升教學、研究、服務、生醫產業各方面，受到國際肯定，是全球最年輕的「4 個百大」大學，進入四大世界大學排行榜，包括：英國泰晤士報高等教育排名、上海交大世界大學排名、英國 QS 最佳大學排名、美國新聞與世界報導大學排名。在「2021 泰晤士高等教育新興經濟體大學」排名全球第 87 名，全臺私立大學第 3 名，非醫學私立大學第 1 名，以及「2021 泰晤士亞洲地區最佳大學」排名第 139 名，非醫學私立大學第 1 名。

　　由於人類社會文明高度發展，許多高度發展的國家造成自然資源的過度消耗，但世界上仍有許多人們飽受貧窮、饑餓與疾病的

威脅。因此，聯合國於 2015 年宣布「永續發展目標」（Sustainable Development Goals, SDGs），包含 17 項核心目標及 169 項具體目標，期待全球於 2030 年前建立夥伴關係，攜手並進、邁向永續。亞洲大學肩負教育與醫療重任，亦積極實踐大學社會責任（University Social Responsibility, USR）與企業社會責任（Corporate Social Responsibility, CSR），共同守護世界環境與人類共榮發展，協力促進全球永續發展願景。

2013 年，亞洲大學成立「亞洲大學現代美術館」，提升學生之人文、藝術涵養與人性關懷，2016 年，成立「亞洲大學附屬醫院」，以「救急、救腦、救心、救命」為使命，提供以病人為中心的高品質醫療服務。為因應全球未來趨勢，不斷創新改變，追求卓越，讓學生與世界接軌，培養具備熱情、企圖心、社會責任感和憐憫心的學生，為人群服務，善盡大學與醫療的社會責任，積極落實 SDGs 之提供高品質教育、促進健康和福祉、加速產業創新、建立全球夥伴關係……等永續發展目標。

亞洲大學全校師生與同仁齊心努力從「在地關懷」、「科技教育」、「健康促進」、「產業升級」、「國際鏈結」等方面投入社會服務，例如：用科技翻轉偏鄉學童教育、推動 AI 菁英一條龍培育計畫，投入高齡及失智友善照護、運用多維列印、人工智慧與物聯網（AIoT）帶動產業升級，並且到非洲及柬埔寨幫助孤兒及參與地方基礎建設的國際鏈結。老師們不再侷限於教室，用專業帶領學生走進社會，串聯起大學與地方發展共生、共好的緊密關係，運用專業素養及新興科技，解決真實的社會問題，用在地及世界議題作為學生最佳的學習教材，讓大學成為活絡社會永續的關鍵角色。

　　亞洲大學特別出版《大學的社會實踐和永續創新：由阿罩霧出發的 SDGs 故事》一書，記錄了亞洲大學創校 20 年來，師生共同實踐的 21 個社會故事，透過服務他人來成就自己，學生在實踐的過程中，找出生命更有意義的定位，這 21 個利他故事都為社會帶來非常正向的改變，進而讓世界變得更好更美。我相信，服務人群所帶來的人生養分，會像花朵一般地在每位亞洲大學的學子心中綻放開來，化為實踐利他精神與溫暖他人的動力。

　　未來 10 年全球的發展趨勢，臺灣不會缺席，必能與全球議題接軌並展開對話，因此，亞洲大學也將持續秉持教育與醫療的角色，藉由大學社會責任的推動與落實，呼應聯合國永續發展目標並與世界接軌，成為「臺灣人引以為傲，為全世界服務的大學、醫療體系與生醫產業」和「強調人文、藝術、關懷的創新活力大學」，為全球的永續發展奉獻心力。

# 推薦序 2 ─────
# 眼光放遠關懷放近：大學的社會實踐與視野

黃榮村
考試院院長、前中國醫藥大學校長

這是一本由亞洲大學蔡進發校長主催，將亞大長年來的社會實踐，放到聯合國 17 項永續發展目標（SDGs）的架構上，共同撰文回憶過去、珍惜現在、看向未來的報告書。這本書彰顯出亞洲大學如何善盡大學社會責任的心路歷程，也是一本向師生向家長向社會報告的溫暖之書。

亞洲大學篳路藍縷走過 20 年，我們剛好能夠在旁邊見證這段發展歷史的人，都覺得有點匪夷所思，這不只是平地起高樓，經營出美麗的校園，也不只是一路轉進榮登國際大學排行榜，更令人眼睛一亮的，則是在國內大學治理日益困難的這十來年，亞洲大學眼光放遠關懷放近，用心經營出一大片活潑又充滿人性關懷的校園，而且將這股精神由近及遠，從在地搭向國際，既善盡了大學責任，又拓展了學生關懷的視野，而且落實了實踐的成效。

在這本書中，很清楚的呈現出幾個互相關聯在一起的核心概念：

（1）強調社區、利他、與學習。因此而發展出霧峰學（霧峰舊稱阿罩霧），與各種國內外的志工服務活動，以及社會實踐計劃，從在地關懷走向部落走向偏鄉，接著走向非洲前往柬埔寨。這些計畫適時的提供機會，讓學生得以找回可能已經忘了很久的初心。

（2）校園活動是學術的、科技的、與社會關聯的。長年的努力已獲得國家新創獎，且在協助食品安全、遠距醫療、3D 列印輔具、智慧養殖、智慧農業與食農教育等項上，有長足發展。

（3）長遠目標是文化的、國際的、與永續的。所以如何將聯合國 17 項永續發展目標（SDGs），落實在校園的各項規劃之中，需要全體師生的共同關注。

由這些核心概念，又可連接到幾個相關的實體建置，如社會責任發展與實踐中心、網癮防治中心、智慧校園與 AI 工作坊、食藥用菇類研究中心、與現代美術館等相關的計畫與空間。如此則相輔相成，更容易將理念與實踐結合在一起。

我想亞洲大學已經做了一個很好的示範，可以讓很多有心的大學得以互相觀摩互相切磋。最後，大學的主體還是在學生，我也很有興趣想知道學生們，怎麼想像底下兩個問題：（1）大學要善盡社會責任的源頭，是一種責任還是因為愛？（2）今天的大學還能做什麼事，應該做什麼？我在此提出來，希望與大家共勉之。

# 推薦序 3 ———
# 同心同行、如旭發光

洪明奇
中國醫藥大學校長、中央研究院院士

　　每個人都喜歡聽故事,聽故事可以學到很多人生道理;人們通過各種故事形式,傳播著文化、傳統和價值觀念,也拉近我們和新事物的距離,開闊視野、增廣知識,讓生命發光!

　　亞洲大學校慶編撰的《大學的社會實踐和永續創新:由阿罩霧出發的 SDGs 故事》,記錄了創校 20 年來師生所共同經歷的 21 個社會實踐故事,從與霧峰的美麗相遇結緣,在地關懷松鶴部落的文化薪傳,更健康促進守護不老騎士,環臺千餘里;為普及科技教育述說另一個石頭湯故事,還透過新興科技協助菇農產業升級,甚至遠赴海外的非洲、柬埔寨等地參與國際志願服務,培養年輕世代實踐世界公民的責任與使命。

　　大學取之於社會,用之於社會;社會實踐應先強化社會連結度,培養師生對土地、社區與家鄉的認同感和光榮感,如此,人與人的連結自然會更緊密,進而透過學校資源,協助城鄉永續發展,具體落實高等教育深耕在地的功效,才是營造大眾幸福生活的根本基礎。

　　SDGs 生活故事，猶如冬日裡的陽光，溫暖著每一個人的心，也從大學的社會實踐中走出一條新路，那就是「利他哲學」，師生可從中獲得到滿足和美好，在不知不覺中成了生命的刻痕，那種幫助人的喜悅，才是成功的所在。

　　亞洲大學校長蔡進發辦學重視以人為本，以「在地連結」與「人才培育」為核心，培育學生服務精神成就教育，引領師生從在地需求出發，結合教學與研發能量與特色，透過人文關懷、深耕在地，強化大學與城鄉發展的在地連結合作，協助解決區域問題，進而創新城鄉產業及文化發展，善盡促進經濟及環境永續發展社會責任使命，具體實踐了創校的「全人教育」價值和信念。

　　走在一個快速變動的新時代，新冠疫情衝擊每個人的生活，也帶來全新的視野和未來，新的學習架構與線上教學模式，能夠打破地理與時差的疆界；中國醫藥大學與亞洲大學成立「中亞聯合大學系統」，能增進兩校師生學術交流及學生跨域學習機會，期待共創中臺灣高教榮景，為臺中、臺灣及下一代做出更好貢獻。

## 推薦序 4 ───
# 立足霧峰、在地共好、鏈結國際

蘇玉龍
教育部大學社會責任推動中心總主持人、前國立暨南國際大學校長

2020 年，新冠病毒疫情席捲全球，重創各國經濟，2021 年疫情延續，臺灣也遭受波及。在這特殊的時空背景下，「同島一命、世界一家」的感受不言而喻。疫情的嚴峻讓許多如育兒照護、健康促進等社會議題一一浮現，社會的永續發展目標更受到關注。疫情中的永續發展不能間斷，此時此刻，大學實踐社會責任更加彰顯其重要性。大學師生運用專業建立起人與人的連結，更建立起學校與在地、學校與世界的連結。

大學是推動社會進步的重要資產，匯集了專業、人才、創新及國際觀，教育部為推動大學善盡社會責任的行動力，自 2017 年推動大學社會責任實踐計畫（University Social Responsibility Practice Program）。計畫從第一期注重「人才培育 在地連結」，現今邁向第二期的「在地實踐 放眼國際」願景。先從在地視角連結聯合國永續發展目標（Sustainable Development Goals, SDGs），影響力從在地發生，連結 SDGs 所倡議的環保、社會、經濟三大主軸議題，協力勾勒出全球永續未來的樣貌。

　　亞洲大學位於好山、好水、好人文的霧峰。鄰近臺灣省議會、霧峰林家、光復新村、921 地震教育文化園區，豐富的歷史人文底蘊是亞大師生最佳的在地教材。學生走進社區，發現社區的好也發現社區的需求，進而關懷社區、解決社區問題。師生對在地的情誼多一點，就能形成一股和社區一起共好的力量。

　　這本書集結了從阿罩霧（霧峰舊稱）出發的 SDGs 故事，訴說亞洲大學創校 20 年來所推動的 21 個社會實踐的故事：有師生關懷在地霧峰、偏鄉地區的故事，有師生遠至非洲、柬埔寨送溫暖到世界彼端的故事，有運用 AI 帶動智慧養殖、智慧農業、用 3D 列印研發握筆輔具造福腦性麻痺患者的故事，有運用護理、社工、心理等專業促進健康照護弱勢族群的故事。每個故事都是師生帶著專業素養及炙熱助人的心進入場域發揮一己的影響力，過程中師生的專業因真實世界的需求而有動力精進，助人的感動轉化成自身人文關懷的資本，形成社會永續、共好前進的動力。

　　衷心在此祝福亞大創校 20 年生日快樂，也期待亞大在下一個 20 年凝聚更多共識，創造出更多有溫度、有力量、帶動社會向上的實踐故事，讓大學在永續發展目標上成為不可或缺的助力。

# 寫在故事之前
# 陽光利他哲學的實踐之路

作者簡介

**蔡進發**

資訊電機學院生物資訊與醫學工程學系

現任亞洲大學校長兼資訊電機學院生物資訊與醫學工程學系講座教授，臺灣嘉義人，美國西北大學電機工程和電腦科學系博士。曾任教於美國伊利諾大學，並受聘為美國史丹佛大學客座教授和美國柏克萊加州大學訪問學者。專長為軟體工程、生物資訊、人工智慧、分散式即時系統。蔡進發校長畢生致力於全人教育事業，長期關注社會議題，從自身志工經驗出發，以學校為實踐場域，號召師生投入志工事業，並擴及社會關懷，履踐大學社會責任，更以亞大為志工基地，規劃志工藍圖，建立亞大成為志工大學。

2001 年，我應亞洲大學創辦人與董事會之邀，從美國伊利諾大學回到臺灣擔任亞洲大學創校校長。那是 921 大地震發生的兩年後。

剛回到臺灣，我應南投縣政府教育處劉仲成處長邀請前往災區探勘。走進南投的信義鄉、仁愛鄉，看到處處斷垣殘壁，滿目瘡痍。年輕人被迫離鄉謀生，村子裡多數是老人和小孩，殘破的家園百廢待舉，於是邀集以外文系孫嬿美主任為首的團隊，帶領師生進入災區進行社區服務，除了加強當地學生的外文能力，師生也一同參與各項活動，為災區盡一份力。

這是當時亞洲大學志工事務的開端，也是社會責任實踐志業的啟航。

　　20年來我所秉持初衷的志工和社會責任實踐精神，始終如一。

## 一萬兩千公里的蝴蝶效應

　　教育來自對生活的反思，教育也是一種價值觀的體現。

　　因緣際會之下的勘災經驗，讓我與自身在美國念書時的經歷產生連結。求學期間，最常做的志工服務就是幫無家可歸的人蓋房子，大家有錢出錢、有力出力，藉由志工活動增進彼此的感情，也提升內心的良心善緣。而理念是一座無形的橋樑，我以同理心的處事模式教育下一代，兒女在異地求學之時也擔任童子軍，假日自己做餅乾或是賣檸檬水，販售所得幫助弱勢孩童，甚至在冰天雪地的寒冬，幫鄰居除雪。這種取之社會，用之社會，回饋社會的理念，讓孩子了解用愛幫助他人，豐富自己生命的道理。這樣的經歷與想法，回到臺灣後，成為推動影響亞大服務學習課程的基石。

　　生活歷練，成就服務本質。學校成立之初，我便興起以服務成就教育的理念。

　　2003年，我分別與曾任美國ZeroTime實驗室總裁葉祖堯教授及柏克萊加州大學Chittoor V. Ramamoorthy教授研擬討論，規劃亞洲大學志工之路。葉教授在學術及產業的經驗豐富，他擔任過系主任，帶領德州大學奧斯汀分校及馬里蘭大學的電腦科學系成為頂尖系所，更曾應邀擔任聯合國，及美、日、新加坡等多國政府的管理顧問，同時也是IBM、AT&T等公司的企業顧問。Chittoor V. Ramamoorthy教授是印度裔美國電腦科學家，培育出無數頂尖學術

蔡進發校長（左）、葉祖堯教授（中）及呂克明教授（右）於史丹佛大學
科茲梅斯全球共同實驗室洽談學術合作。

人才，貢獻社會，推動科學進步。兩位教授從管理、教育，到關心
人類福祉，將慈善的精神轉化到教育上，凝聚善念改變社會。葉教
授及 Chittoor V. Ramamoorthy 教授在亞大志工和社會責任實踐規劃
初期便提供了高度、廣度兼具的寶貴意見。

　　當時與美國名校德州大學奧斯汀分校 Dr. George Kozmetsky 的
基金會也有多次合作，在亞大舉辦跨領域產研和教育轉型的研討
會。Dr. George Kozmetsky 教授是一位慈善的企業家，開辦了以提
供數位影像、儀器儀表產品、航天電子及工程系統為主的工業集團
Teledyne 公司，曾任美國德州大學奧斯汀分校管理學院院長和美國
戴爾電腦公司主席，他自己創立位於德州大學的創新、創造力和資
本研究院（IC$^2$ Institute），結合自己的創意與智庫團隊，幫助或孵
化超過 100 家公司，使 Austin 市轉型成技術導向的工業都市。由

於 IC$^2$ Institute 的理念是幫忙中小企業轉型，支援公共事務，幫助窮人脫貧，藉以解決社會問題，讓社會變得和諧。他們解決了貧富不均的現況，創造財富機會，甚至把這種商業模式應用到發展中國家，如波蘭、墨西哥、貝里斯等，幫忙這些國家脫貧。我亦在 2005 到 2019 受邀擔任 IC$^2$ Fellow 參與研究院的相關活動。Dr. George Kozmetsky 同時也捐錢給美國史丹佛大學成立科茲梅斯全球共同實驗室（Kozmetsky Global Collaboratory），由當時負責的 Dr. Syed Shariq 再將其理念藉由一流學府發揮更大的社會影響力。

Dr. Shariq 也來到亞大實際訪問，對於臺灣弱勢族群，他同樣熱心協助；我們一同訪問偏鄉和原住民部落和貧困的鄉鎮，討論有益臺灣的作法。例如地方創生，促進地方轉型，利用地方特色來創造有效益的經濟模式，讓偏鄉與弱勢重生，亞大也將這種理念實際應用到霧峰桐林社區的地方創生。

生命的因緣很奇妙，沒有人可以預期未來會遇見怎樣的人、發生怎樣的事。我以在美國求學、任教的經驗，抱持服務回饋鄉土的熱忱，遇見了同樣理念的異地友人，臺灣、美國一萬兩千公里的距離，不變的是一樣服務的心，帶著回饋社會的初心，將扶助弱勢的服務精神散播出去，期許初衷能一步步擴散達到蝴蝶效應，開出璀璨的志工花園。亞大的學子從進入校園之始，眼中所看到的不僅是鬱鬱蔥蔥、蜂飛蝶舞的美麗景象，還有創校之初盎然奉獻之心，願在亞大學子心中種下公益良善的種子，成就未來服務他人的果實。

## 用愛經營校園和社區，從服務學習到志工大學

因為這樣的理念，我在創校初期，由社工系陶蕃瀛主任和廖

淑娟老師將「服務學習」課程落實在具體學分中，勞作教育到服務學習之間的差異性，在於反思自省的精神。該如何進行反思是一個值得思考的問題。

時任學務長黃玉臺老師與服務學習組廖淑娟組長討論，將每週的星期三服務學習實作課的時間，固定為課程反思日，召集校內師長為服務學習注入新血，有如被打通的任督二脈，志工老師就此產生。

而原本屬於勞作教育的校園維護實作，也在首批接受培訓的29 位學生幹部的帶領下漸上軌道，幹部甚至比老師們更嚴謹，他們認為，要服務他人，就必須做到盡心、用心，並透過反思從服務中學習。在這批孩子身上，廖淑娟老師感受到真誠溫暖的熱忱光輝，她說：這批孩子把學校當成自己的家園，是真的用愛經營自己的家。

2010 年，亞洲大學全國首推志工大學，強調「人人皆志工，個個有品樂」！師生們共同發表宣言，並簽署同意書，於新生訓練時增加志工訓練內容。

這一場浩浩蕩蕩的見面禮。教師逐一上臺為新生授課，展現亞大成為志工大學的決心。新生始業式，兩千名新生接受各 12 小時的志工培訓基礎訓練與特殊訓練課程，課程結束後可取得研習證書及志工手冊，成為真正的志工人。同時，結合「服務學習」課程，將利他精神轉化成服務的動力，落實在生活中。

無論在早晨陽光灑落的校園中，可以見到服務的同學拿著掃把畚斗將落葉集中在一處，或是在黃昏的夕照中，可以見到服務的同學帶著大大小小的水桶和垃圾桶將寶特瓶罐蒐集在一起，共

同維護校園環境。下課前一分鐘，師生隨手帶走垃圾、整理桌椅、擦拭黑板，把乾淨整潔的環境留給下一班同學。甚至在霧峰街道上，亞大的紅色背心，因為打掃街道而顯得更加耀眼。那是一顆種子發芽的聲音，從實作到培訓，亞洲大學的志工之路，有如一顆種子，萌芽、開枝、散葉，慢慢長成大樹，是全校師生共同辛勤灌溉的成果。

亞大的志工服務，從師到生，從上到下，由內到外，無不從心做起，以學校即家園的「社區意識」維護校園、愛護校園，把勞作教育中獲得啟發的「知行合一」作為根基，強調做中學、學中做的實作精神貫之「行動反思」深入內省的層面，秉持「人人為我，我為人人」的服務精神，走向利他利己，強化他人的生命的精采，唯有如此，才能壯大自我的人生。

# 路

「有一天，當你 80 歲，還有多少作夢的勇氣？」

2007 年，李美玲主任帶著社工系 9 位同學，踏上不同的服務之路。這一次，是 13 天，超過 1150 公里，總年齡超過 1377 歲，他們與不老騎士的環臺之旅。這 17 位平均年齡 81 歲的長者，每位都有關節退化的毛病，但他們用實際行動證明不管任何年齡都有圓夢的權利和能力。亞大的孩子更排除萬難在他們身邊一路相隨。13 天的旅程畫上休止符，亞大的孩子，皮膚黝黑了點，身上的灰多了點，略為疲憊的神情擋不住他們的滿足與喜悅的神采，13 天的朝夕相處，一千多公里，拉近他們彼此的距離，在生命的旅程中有了更深的連結。他們不只幫助長者完成夢想，踏遍島嶼的角落，描繪完整的人生地圖，也記錄屬於自己的青春之路。

　　2011 年暑假，社工系李美玲主任與陳盈方同學參加由中醫大黃榮村校長帶領之「重返史懷哲之路」，這趟學習與實踐之旅，為亞洲首見遠赴西非史懷哲醫院，最具規模且彰顯醫學人文主軸及典範學習之學習與義診團體，一行人走訪非洲加彭共和國（Gabon）首都自由市（Libreville）、蘭巴倫（Lembarene）及聖多美普林西比民主共和國（Democratic Republic of Sao Tome and Principe）等地，實地體驗當年史懷哲到非洲行醫的精神，並展開義診活動，同時與蘭巴倫史懷哲醫院的醫師交流，討論病患的診療及當地社區醫療等問題。在重返史懷哲出生與求學之地之時，也感受史懷哲醫師篳路藍縷的心路歷程。

　　在蘭巴倫停留的期間，團員們就居住在毗鄰歐威格河畔的史懷哲紀念醫院宿舍，這是史懷哲於 1914 年起為當地教會建立的第一間醫院，醫院舊址至今仍然保留門診建築與醫療器械設備。史懷哲曾說：「真正幸福的人，是那些已經開始尋求並知道如何服

參加史懷哲典範傳承之旅的團員們，在蘭巴倫史懷哲紀念醫院附近植樹紀念。

務他人的人。」當我們真正明白服務的定義，也懂得真心關懷他人，那麼，最快樂的獲得不就是肯定內在價值最豐碩的成長嗎？

非洲有史懷哲無私奉獻跨國行醫，霧峰有「阿飛仙」照護在地居民。林鵬飛醫師，臺北帝國大學畢業後，回到家鄉創立「民生診所」，奉獻其專長所學，只要有重病患者，他便騎著腳踏車前往看診。霧峰人譽為「阿飛仙」。

隨著時間流逝，診所成了荒廢的老宅，然而在因緣際會之下，診所成了「霧峰學」的學習場域，學生透過行動研究，以在地的人事物文史做為學習對象，由認識、思辨、論證的循環過程產出知識。2013 年期末成果展，學生發揮創意，為老空間注入新設計，運用老宅中不同角落的特性，規劃出別具特色的廢墟攝影棚、文青風的小書院、及知性的講堂。參與成果展的阿飛仙夫人莊金釵女士，細數故事館風華，新舊場域的交替，阿飛仙精神在此傳承。

爾後，民生診所的用地及建築交由霧峰農會做對在地更有傳承意義的規劃，延續老建築的新生命。亞大的師生一同協助農會總幹事黃景建，投入改造工作。老屋中保留了原有的醫師診間以及木窗構造，以原有木質溫度的姿態，訴說自己的故事。阿飛仙的精神，就像我一直以來所堅持的服務價值，將自身所學用之社會。

史懷哲之路及霧峰民生故事館後來仍以不同的形式持續。幼教系蘭嶼服務隊延續史懷哲實踐精神，將服務觸角延伸至離島，關懷弱勢學童。同學將專業知能融入生活情境，無論是個別教學、團康活動、午餐分享，每一個精心設計的活動都為學童帶來豐富的饗宴。在蔚藍的天空與廣闊的海洋中，大自然的美景與孩童天真無邪的笑容，溫暖了服務團隊的臉龐，人與人之間的互動不再有距離，親近的心，從踏上蘭嶼那一刻起，不曾間斷。學生用雙腳走出的志

工之路，同時也成就心靈的志工之路。

## 地球彼端，陽光如此明媚

　　亞洲大學是一所具有國際視野的大學，國際志工的培育除了有教育上的實質意義，培養國際視野，才能跨越種族／國界的距離，成為世界公民。

　　社工系每年固定的「柬埔寨志工服務」，安排在暑假中由志工老師帶隊前往，每一年的主題與服務地點都不同。第 10 梯次以「美學素養」為主題，在暹粒省（Siem Reap Province）偏遠村落Taom 設計色彩認知等課程，教導當地國小學童，以「夢想」舉辦繪畫成果展。當年度總召視傳系蘇柏宇同學，將他的專業融入服務，帶領團隊深入偏鄉，深受啟發，揮動彩筆，畫出志工團隊在21 世紀深入高棉古國土地的動人風景。

　　2012 年，時任國企系系主任李偉權老師，率同 7 名學生組成國際志工團隊，到印尼婆羅洲島（Borneo）的山口洋市（Singkawang）擔任國際志工，並到 Pasir Panjang 從事「淨灘」活動。山口洋市是許多新臺灣之子母親的故鄉，然而，印尼所提供的華文課程嚴重不足，志工團在山口洋市多所華語補習所擔任課輔小老師，和當地學生以華語交流，教導他們基礎的華語技能。華裔子弟在簡陋的鐵皮屋頂下學習，環境雖然刻苦，卻澆不熄山口洋市的學生熱愛華語的熱情，黧黑面孔下隱約透顯出滿足與熱切的心。

　　學務處更由行政單位主導，連續四年遴選國際社會服務隊至馬來西亞服務，2015 年至柔佛州（Johor）培群獨立中學、特殊兒童中心、北竿那那老人院及吉隆坡雙溪威老人院展開 40 班次教學

服務，超過 1700 人次的互動，展現設計教案及教材教學的專業能力。

2017 年起，由創領中心林君維主任帶領學生進行非洲 OProSS 志工活動，結合學生的專業和議題導向學習方法（如 Project-based learning, PBL），以無國界方式關懷聯合國永續發展目標（Sustainable Development Goals, SDGs）相關議題，建立永續服務的長久經營。

在地球的另一端，有一種被需要的呼喚，因為服務，他們的臉上綻開了明亮的滿足笑容，亞大服務師生們看到了陽光，世界如此明媚。

## 藝術種子，萌發美感根芽

亞大柬埔寨志工隊榮獲第二名，獲得陳建仁副總統（右四）頒獎表揚。

　　2015 年開始，亞洲大學現代美術館與臺灣應用材料公司合作，舉辦熱血志工營，這是建構校園與企業社會責任的使命。

　　時任館長李梅齡老師指出，亞洲大學現代美術館與臺灣應用公司共同舉辦熱血志工營，以高中生為主，希望培養學生的藝術氣息和美學涵養，提供少年學子觀賞豐富多元的藝術作品，也能增進弱勢學童的藝術體驗，建立青少年自信心。志工團王馥德團長也表示：亞洲大學現代美術館擴大此一活動影響力，向下扎根，有計畫地構築美感教育理念並建立志工團隊，除了能擴充藝術教育資源，提升中學生藝術美學涵養，更期盼為臺灣社會帶來新一波藝術能量，提供弱勢兒童藝術教育資源，最終達到提升青少年表達自信及對社會服務的熱忱。

　　亞洲大學運用校園優勢與大量資源挹注在志工教育上，傳達服務社會的創辦精神。

　　美學是一種內在涵養，也是生活的實踐。美學除了需要主體自我反思研究，還需要透過眼耳肢體等實際的接觸觀覽，才能確實體會領悟。在亞洲大學現代美術館一系列有主題有深度的帶領下，志工學員從中習得的不只是美學的概念思想，還有更切身的美感生活方式，知道美與美感其實就潛藏在平常中，只要用心品味體會，就能掌握其中三昧，了解藝術與生活的密切關係，藝術不離生活。

## 社會實踐，激發生命的光與熱

　　2021 年，亞大創校 20 年，在全校師生的努力下，志工大學交出亮眼的成績單。亞洲大學學生為全國唯一畢業即領有志願服務紀錄冊的學生，透過實作課的基本勞作教育，加上志願服務基

礎訓和特殊訓的紮實訓練，並且落實專業內涵課程的精進服務，讓每一個亞大師生，說起服務，都有一個屬於自己的故事。

　　創校之初，健管系楊志良教授、社工系李美玲教授以及現任臺南大學陳榮銘教授，他們以系為家，以回饋為本質，用家庭的氛圍，帶領全系的團結，成就學生與亞大醫院志工服務團隊的配合，成就柬埔寨國際志工團的明亮耀眼，也成就一個又一個服務的里程碑。

　　柯慧貞副校長帶領的網癮防治中心成績斐然，透過跨域學程和專題課程培訓學生網癮防治專業知能，並與國中小學合作，師生協助網癮防治，也首創全國青少年無網路生活戒網癮營隊和工作坊；開發以 AI 及時偵測網癮軟體，提升自控力的健康上網 APP，幫助網路成癮青少年脫離網路沉迷，找回健康青春的自我。張少樑學務長帶領服務學習小隊長組成「Echo 志工社」，與弘道老人基金會一同進行「寒冬助老」服務，關懷社會弱勢的角落，到長者家中打掃，給予長者一個午後的陪伴。亞美館王馥德團長帶領 131 位志工，每年服務人次超過 35000 人，親切的笑容與彬彬有禮的談吐與亞洲大學現代美術館的氣質相互輝映。

　　廖淑娟館長、林錫銓老師的霧峰學一直是亞大最豐富的在地陪伴；通識中心黃淑貞主任書寫國道六號的勝景，增添更多的人文關懷；王晴慧老師對松鶴部落的投入，也獲得教育部教學實踐 USR（University Social Responsibility, USR）專案的績優計畫。數媒系林家安老師長期關心西岸沿海居民空汙問題，以紀錄片《離岸》傳達人民對環境的控訴。而在健康長照上，吳樺姍院長、黃松林副院長投入對友善失智及老人的照護；沈育芳老師利用多維列印設計輔具、蔣育錚主任對食安的保護、廖岳祥主任和曾憲雄

蔡進發校長（右一）、侯念祖老師（左二）、廖淑娟館長（左一）與史丹佛大學 Dr. Shariq 教授（右二）一同參訪桐林田園陶藝軒，欣賞社區藝術家的陶藝作品。

副校長以數位縮短城鄉差距、蔡淵裕老師發展遠距醫療、詹雯玲老師帶領學生推動科技教育和在地文化，都是以現代科技教育輔助弱勢關懷。薛榮銀主任、李明明主任、施養佳老師輔導產業升級，為智慧農業帶來希望。另為因應人工智慧時代的來臨和協助產業升級，亞大聯合中醫大贊助人工智慧學校臺中分校的成立；王昭能老師則在臺南北門、學甲養殖場域，運用 AI 與物聯網（Artificial Intelligence & Internet of Things, AIoT）技術，建置智能水產養殖管理系統，對不同養殖魚塭進行管理；AI 教育和產業應用推廣也是亞大的社會責任。

由亞大出發，擴展到社會甚至國際角落的關懷，每一次的社會責任實踐，對亞大師生來說，都是一份自我成長的體現。

## 國際公民，善盡社會責任

對我而言，學校的責任在培育優秀的人才，創新科技與新知，並應用充沛教學和研發能量，協助社會人類解決貧窮、環境、健康、產業發展的問題，促進社會和世界的永續發展。如何提昇社會和諧與向上的力量，也是存在的意義。從創校之始，一路走來，無論與葉祖堯教授及 Chittoor V. Ramamoorthy 教授的討論，或是從自身經驗的啟發，這樣的初衷從未改變過。

所以，亞洲大學長年關注社會議題，2009 年，因應金融風暴，景氣衰退，協助弱勢學生就學，由創辦人蔡長海教授捐贈學校經費約 2000 萬緊急疏困預算，全體同仁每日樂捐新臺幣 10 元，捐贈時間最長兩年；同年，莫拉克颱風來襲，啟動緊急紓困計畫，本校動員教職員緊急組成服務隊，至十幾個受災家庭中探望，並發放慰助金；2014 年高雄氣爆事件，亞大師生發動教職員一日所得樂捐；2021 年，臺鐵太魯閣事件重大傷亡事故，校方也立即發動全校教職員工捐款 200 萬元，幫助受難民眾及其家人，亞大心理系也協助台積電慈善基金會的公益平臺，對受難民眾和救難人員及時提供安心輔導與專業服務，洗滌創傷。

高雄發生氣爆事件，亞大師生基於關懷立場，發動教職員一日所得樂捐，亞大校長蔡進發（中）、學務長張少樑（右一）等人響應踴躍捐獻。

　　2018 年 7 月亞大成立「社會責任發展與實踐中心」，以「在地關懷」、「科技教育」、「健康促進」、「產業升級」及「國際鏈結」為主軸，鼓勵師生結合教學、研究及產學能量投入社會服務，持續關注與協助解決更多社會問題，落實大學社會責任，也納入校務發展重點。

　　我一直認為大學要能協助解決或改善人類所面對的永續發展問題，故 USR 中心成立後，2019 年亞大就參與英國泰晤士報高等教育機構（Times Higher Education, THE）所推出的世界大學影響力排名。這項排名是以聯合國發表的終結貧窮、消除飢餓、健康與福祉、優質教育、性別平權、淨水及衛生、減少不平等、永續城鄉、合適的工作及經濟成長、責任消費和生產、氣候行動等等 17 項永續發展目標（SDGs），針對各大學透過教學產研能量對全球永續發展的貢獻度進行排名，也是大學社會責任（University Social Responsibility, USR）的具體績效評比。由 USR 中心每年彙整和檢視在 17 項 SDGs 目標上的成果，並且藉著評比來自我改進。三年來的評比成果，亞洲大學在「優質教育」、「淨水及衛生」、「減少不平等」、「責任消費和生產」「永續城鄉」及「合適的工作及經濟成長」成果上，分別受評列入世界百大，顯示出亞大在促進全球環境、社會及經濟永續發展上所發揮的社會影響力。

　　亞大與國際連結，讓師生樂於投入，協助解決社會問題，透過亞大的雙手，給予社會一道溫暖的光。一道光，那怕微小如豆，透過這道光，讓它成為火種，種在亞大學子的心中，溫暖角落、照亮社會需要幫助的人。

　　當我們相信自己、投入服務、成全他人，收穫將是無限的感動與驕傲。亞大 20 年來所寫下的陽光利他哲學的社會實踐故事，以學校為本，善盡社會責任，讓我相信：在付出的背後，成就最多的是自己，一切的感動都來自於願意為社會多盡一點心，多一點改變。

亞大社會責任發展與實踐中心揭牌，校長蔡進發 ( 站立者中 ) 與出席師長合影。

2020 年，在中央研究院，科技生態發展公益基金會執行長廖弘源博士 ( 左 ) 代表臺灣人工智慧學校頒感謝獎牌給中亞聯合大學蔡進發總校長 ( 右 )。

中亞聯大大學社會責任實踐（USR）計劃成果分享會，吸引學生參與。

蔡進發

Community Caring

傾斜屋

# PART 1

# 在地關懷

讓學生大步走出去，讓社區歡喜想進來！

學生不僅要在校園當個學習者，更要以在地的社區老師、居民為師；

——深度參與農夫日常耕耘作息，體悟到務農大不易。

學校和學生搖身一變成為服務者，共創社區產值，提升生活質感；

——協力改造昔日醫生館，一點一滴賦予老屋新生命與新感動。

「霧峰學 · 學霧峰」以在地人事物為師，

善盡大學的社會企業責任，無形中創造學校與社區的永續雙贏。

# 與霧峰的
# 美麗相遇

|一|

## 聯合國永續發展目標 SDGs

SDGs：Sustainable Development Goals

## 作者檔案

**廖淑娟**

人文社會學院社會工作學系

現任亞洲大學社會工作學系教授兼圖書館館長，透過「霧人子弟」夏之工坊與霧峰結下深厚情緣，並開設「霧峰學．學霧峰」課程，帶領更多年輕學子認識霧峰、了解霧峰、服務霧峰，迄今已在霧峰深耕十八載。

**賴昭吟**

通識教育中心

彰化師範大學國文系文學博士，現任亞洲大學通識教育中心副教授兼課外活動與服務學習組組長，研究專長為國語文教學、古文字學，教授「文學賞析」、「報導文學」等課程。

成熟的和真正的公民意識；就把為社會服務看作一個人最主要的美德。

——蘇霍姆林斯基

2003 年，我來到霧峰的亞洲大學，接任「服務學習組」組長，18 年來，我和亞洲大學的情緣要從：霧峰學、CARE、亞洲大學國際 NGO 研究中心，三點來敘述。

## 亞大和霧峰的美麗邂逅

2004 年我邀請新故鄉文教基金會研究員孫崇傑（小毛）來演講，他介紹我和櫟協的夥伴見面，當時印象最深刻的是貓羅新庄文史工作室的謝仁芳主任，從那時開始謝主任一直引領我認識霧峰、了解霧峰、服務霧峰。

同年我向教育部提案「霧人子弟」夏之工坊─種子幹部志工培訓、研習及校際交流計畫」，計畫內容包括透過社會福利、文史田野、空間環境、藝術養成，培育霧峰鄉青年學生種子幹部志工，持續推動社區事務的基層力量；並藉由培訓的青年學生自發組織工作坊，進行相關領域實習。最後實現青年學生的校際交流。因為這樣，通識課程「霧峰學・學霧峰」就此展開。

霧峰農友洪世通提供兩分地，讓「霧峰學‧學霧峰」課程帶領
學生進入田間進行學習與服務。

## 亞大和霧峰的交融

　　18 年來，霧峰學課程與社區老師固定於每學期初討論與設計
課程。在獲取知識過程中學生在校園是學習者，在社區也是，以
在地的社區老師、居民為師，向他們學習。另一方面學生也是服
務者。在社區達人的帶領下，藉由各種議題來服務貢獻。例如：
在改造光復新村的議題上，透過參與觀察紀錄訪談，師生成為共
同學習體，互相討論激盪，讓光復新村得以保存發展，亞大也因
為參與地方文化活動，與地方有更深的連結。

## 霧峰學的公共價值

在霧峰學教學活動中，我也看到了霧峰因為學生、教師與社區居民的參與而改變，看到了它的內涵和公共價值。孩子們學種田，從插秧、除草中與農民互動，體會田地勞作的辛苦。到後來，透過賣米讓同學們理解農夫的營生不易，在賺錢餬口與維護土地生態之間如何維持平衡，農民表現出的生活智慧、做事方法、處世態度等，用身教的方式浸潤學生的心。

這讓霧峰學的內涵擴大且深入，使得「霧峰學‧學霧峰」的精神與意義有了更高遠的想像空間，原來在地學習的課程能建構與改變我們對這世界的理解與想像，這樣的思維慢慢內化到學生的心裡，這便是這堂課最深層的核心價值。

舊正社區，在學校的南邊，是典型的農業社區。亞洲大學從2005 年開始和舊正社區建立夥伴關係，之後便以該社區為學習場域，進行關懷長者、文史紀錄、資源調查、彩繪社區等服務。之後學校其他系所陸續進入，擴大服務項目與區塊。社區居民也到學校上婦女電腦班課程，在學校舉辦各種社區活動。

2013 年林錫銓老師帶著學生在社區進行農村洄游計畫，榮獲優等，當初參加計畫的學生畢業後獲選進駐光復新村的摘星藝術家，在霧峰繼續貢獻所學。社區成為提供培養人才的基地，學校則幫助社區創造產值，提升生活品質，創造雙贏的結果。

亞大學生參與
地方媽祖文化活動。

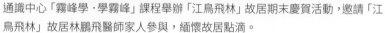
通識中心「霧峰學‧學霧峰」課程舉辦「江鳥飛林」故居期末慶賀活動，邀請「江鳥飛林」故居林鵬飛醫師家人參與，緬懷故居點滴。

## 老屋重生行動

2007 年霧峰農會酒莊開始營運，酒莊承租旁邊的土地為停車場，土地的主人是已經歇業的民生診所醫師林鵬飛。小毛老師某天到酒莊拜訪，剛好遇到林鵬飛醫師，與林醫師有了短暫的談話外，他還特別要了林醫師的簽名。但因為是速寫，不易辨別「鵬」字，還是「鴻」字，再次確認後得知是「鵬」字。因為這次的誤解，有了日後「江鳥飛林」浪漫的老屋名字。

那時霧峰農會因為酒莊需要停車場，暫時用不到這停車場前的建築物。小毛老師於是提議希望能做為學生的學習空間，讓老房子活化利用。經過協調後，亞洲大學兩門通識課程，包括我的「霧峰學‧學霧峰」與林錫銓老師的「地方文化與智慧社群」先後投入「江鳥飛林」的場域營造。

　　2010 年霧峰學的共同創始老師孫崇傑從文化資產的角度帶領同學探索老屋，並訪問附近居民，了解屋子的歷史背景，師生共同討論規劃有效利用空間。他同時提出協力造屋的概念，帶領霧峰學的同學和霧峰鄉親，以歷史、文化、老屋，展開一場文化對話。期間敦請林醫師的兒子林志鴻先生指導，談林醫師的行醫史，請林醫師女兒林美絢老師（亞洲大學社工系）談她對故居的想像。

　　2011 年遠在美國波士頓的鄭宏銘醫師透過網頁來聯繫亞洲大學，帶來神靖丸事件，敘說著被人遺忘的一頁臺灣歷史，讓師生認識臺灣的大時代故事，也讓庶民的生命史為老屋增添了老屋的歷史價值。2012 年修習霧峰學的一百多名學生全力投入老屋重修計畫，成立「江鳥飛林―協力造屋在霧峰」Facebook，並且在江鳥飛林舉辦期末成果展，邀請林鵬飛醫師的太太和女兒參加。當天附近居民聞風而來，其中林錦屘夫婦見到先生娘時老淚縱橫，令人感動。

　　2014 年霧峰學引發的老屋重生行動獲得農會的認同，在黃景建總幹事的努力下，農會買下了老房子與屋前空地，邀請曾經任教於亞洲大學也是霧峰人的陳慧純（約瑾）老師，運用她的專業，集結大家的想像，著手擬訂民生診所的整體規劃，務使老屋重獲新生。

## 跨領域實踐

　　2005 年，我因為一場「企業診斷研討會」演講認識了葉祖堯教授。會中葉教授介紹他的著作《商道》。這本書應用古代戰略家孫子的五種戰爭藝術―道、天、地、法、將，分析現代商業大亨的經營之道。拜讀之後，我認為它雖然講的是商業管理，但是

有一股很強的人文關懷，書中除重視組織文化，也重視家庭價值，不斷地討論組織的願景、宗旨、核心價值。

後來在葉教授的指導之下，借用書中的理念，在亞大成立了CARE（Center for Advanced Research of Entrepreneurship，產業精進研究中心），CARE 的組織定位為研究導向的學術中心，目標是以跨領域的觀點來發掘產業的特質，希望幫助新一代的創業家和他們的企業。讓他們不只追求自己卓越的成就，也關心周遭的人與環境。葉教授構劃以亞洲大學優秀的人力與充足的經濟資源來協助企業界發展，如此一來，大學可以達成服務社會的目的，還能在少子化可能產生的危機衝擊中，開創一片藍海。

CARE 在 2008 年因故解散，之後葉教授持續指導團隊進行各項研究，我也代表團隊到巴西分享 CARE 的方法論和學習成果。在往後的教學研究和服務的職涯中，一直以此為圭臬，把 CARE 的方法論運用在盡可能的領域，還包括個人的生活世界。如 2015 年我在亞大開設「社會企業與服務」課程，其核心是社會關懷，希望學生能關懷社會，並且學會以企業模式解決社會問題。2019 年我進一步以 CARE 模式，跨領域整合「霧峰學・學霧峰」、「社區組織與社區發展」、「社會企業與服務」等三門課程，分析霧峰的社區產業，作為未來社會企業的可能經營方向。

## 在地創生國際鏈結

故事從臺中市林佳龍前市長積極規劃光復新村為 INGO 中心開始，林市長希望臺灣走出去，讓世界走進臺灣，成為國內及海外 NGO 人才交流、經營管理之分享平臺。市政府在 INGO 籌備過程中多次和亞大討論，期許亞大參與共創。亞大蔡校長在 2001 年

創校之初就向教育部申請經費，舉辦霧峰文學獎，引領學生書寫人文薈萃的霧峰，並開設「霧峰學・學霧峰」課程持續耕耘。亞大透過霧峰學課程，於 2018 年以「亞洲大學國際 NGO 研究中心」（簡稱亞大 INGO）的名義申請進駐光復新村信義路 30 號。

「霧峰學」2018 年進駐臺中霧峰光復新村國際非政府組織 (INGO) 中心，在 23 號房舍舉辦成果展覽。

　　亞大 INGO 更鼓勵學生自主學習，提出自己想要學習的內容，討論後寫成課程表，可以在社工系折抵選修課程學分。開設導覽課程，邀請在地導覽老師參與指導，每週六為觀光客導覽，轉換為志工服務時數。學生可配合課程作業 / 學校計畫提出自己想要服務的內容，參與霧峰社造中心計畫；如想要提升自己，做霧峰相關研究，也可以洽詢課程老師，詢問 USR 計畫，INGO 可以提供適合的資源與諮詢。至於服務學習課程，每週一次多元服務學習內容，學生可以透過參與活動，認識一群志同道合的朋友。

　　每週二 / 三的晚上 7 點，「TTW23 事」是社區時間，邀請嘉賓討論霧峰的大小事。TTW（Transition Town Wufeng，轉型城鎮霧峰）也提供霧峰相關諮詢，如果與霧峰相關的問題，或寫作業沒有方向、找不到關鍵字，都歡迎到 TTW 來一起討論。亞大 INGO 作為一個學校與社區的交融之處，讓學生可以走出去，讓社區可以進得來。

　　回首 18 年來在霧峰的學習，收穫滿滿，多年來無論在教學、研究、產學、服務，總是有貴人相助，讓我能順利把事情做好。感恩生在這個時代，在生命的美好年代能在霧峰這塊寶地，在霧峰賢達的引導下歡喜地做我喜歡做的事。但願現在和未來，都能持續在霧峰，以林獻堂前輩為榜樣，盡一份棉薄之力，回饋護持與滋養我的霧峰。

走進霧峰，認識霧峰、親近霧峰！

你會發現霧峰並非尋常城鎮，更有其獨特的歷史脈絡與文化底蘊。

它不僅是一個隱藏人文珍寶的豐美之鄉，更是臺灣追求現代化轉型的「試驗之城」、「先驅之城」！

在霧峰的社會實踐過程，學界努力扮演理念傳播者、資源引介者與協調整合者三種角色，並以「立足學術、開顯鄉里」作為座右銘，秉持「公民領導理論」為地方創生發揮一定的社會開創力！

# 築夢霧峰 |二|
# 「先驅之城」

## 聯合國永續發展目標 SDGs

## 作者檔案

**林錫銓**

管理學院休閒與遊憩管理學系

現任亞洲大學休閒與遊憩管理學系助理教授。自 2007
年起，因「社區美學」課程計畫走進霧峰，便開始進
行一系列針對光復新村、臺灣省議會、舊臺灣省教育
廳等等文化資產的保存與活化行動。並以闡揚「臺灣
轉型試驗文化」為職志，深耕在地社群，致力整合推
動霧峰「先驅之城」的文化創新與觀光發展。同時，
擔任「臺中市霧峰文化觀光協會」總幹事與「中華民
國詩情公民文化協會」理事長。

## 潤稿

**王晴慧**

通識教育中心

中正大學中文系文學博士，現任亞洲大學通識教育中
心副教授，研究領域為接受美學、敘事學、繪本文學、
電影符號學等。開設繪本文學欣賞、文學與電影、經
典童話鑑賞、文學賞析等課程。喜歡閱讀泰戈爾的詩，
認為詩是將記憶化為生命華采的溫潤載體。長期帶領
學生至偏鄉部落執行社會實踐計畫，推動部落文化的
薪火相傳。

任何一個文化的輪廓，在不同的人的眼裡看來都可能是一幅不同的圖景。

——雅各布‧布克哈特

---

　　我的大學社會責任實踐歷程，從 2007 年執行教育部「社區美學」優質通識課程計畫開始起跑，從此，教學生涯持續走向學術結合社會實踐的道路。

　　第一個實踐場域，是學校旁的健康美食街。我帶領學生用公共藝術與社區美展構思打造「異想健康街」。緊接著，是光復新村省府眷舍的指定保存與活化發展的一連串社區美學計畫實施：先是帶領學生為逐漸黯淡的房舍彩繪門板、清理巷弄道路、舉辦創意活動；而後，再結合地方團體，從「第一代」到「第五代」，系列性地製作具有地方文資內涵的「幸福椅子」、「幸福舞臺」，並設置「霧峰夢想館」、「和平路五號」、「粹綠舍」、「素樸藝術廣場」、「九逗工作室」、舉辦「綠活村鄉民代表大會」……等等。

　　舉凡教育部所倡導的創新教學計畫：優質通識、服務學習、跨領域智慧生活、PBL 專題導向學習（Project-Based Learning）、磨課師、移地教學、議題導向跨領域敘事力計畫、大學社會實踐計畫（USR）等等，我都曾率先參與執行。將課程與計畫資源，

持續導入霧峰這個具有獨特地方精神的人文之鄉。十多年來，點點滴滴與地方團體共創共學的社會實踐，都成了振興霧峰發展的能量蓄積，也逐漸看到霧峰地方創生的美好前景，整個過程，彷彿是一趟築夢「先驅之城」的奇幻之旅。

## 文資保存

　　我到亞洲大學任教的第三年（2007），開始走進霧峰，認識在地、親近在地。尤其是鄰近學校的前臺灣省政府眷舍——光復新村——是我國 1950 年代第一座花園城市新市鎮建設的示範社區，正面臨文化資產被全面拆除的危機。當時，透過亞大「霧峰學 · 學霧峰」課程的廖淑娟教授的介紹，認識了為光復新村保存登錄長年奔波的吳東明先生。於是，藉由教育部「跨領域智慧生活課程補助計畫」與臺中市政府文化局委託的「文化資產區域環境整合計畫」的相關資源，結合學校課程與地方團體，我與一些對地方文化保存有熱情的夥伴們，積極展開文資保存與活化的社會工程。由我擔任計畫主持人，合作對象包括阿罩霧文化基金會何佳修執行長、絲田水舌永續實業負責人孫崇傑（小毛老師）和臺灣花園城市吳東明秘書長等團體；同時，整合社工系廖淑娟、蕭至邦老師以及視傳系鄭建華老師和數媒系林家安老師等多門課程資源。我們除了帶學生整頓及美化環境，設立簡易的「霧峰夢想館」，還舉辦了一系列專業性的「車未來」活動，包括「夢想社區 · 未來市集」、「車未來影展」、「車未來海報展」等等。終於，光復新村在 2012 年 8 月 19 日被臺中市政府正式登錄公告為臺中市第一個「文化景觀保留區」。

│ 2010 年，在民族路上成立「霧峰夢想館」推動光復新村保存活化。

## 發現霧峰

　　為了保存光復新村文化資產，我們深入探詢霧峰近百年來的歷史發展，才發現，霧峰在臺灣社會追求現代化的過程中，原來一直扮演著帶動轉型試驗的特殊角色。經過 2010 ～ 2012 年文化部「霧峰區域文化資產整合計畫」的執行，我們發現隱藏在霧峰區內的許多文化資產，與臺灣過去百年的社會重要轉型，有著緊密關連。譬如，作為臺灣全面民選議會政治試驗的臺灣省議會、作為臺灣社會營造與本土文化紮根轉型試驗的霧峰林家、作為臺灣農業現代化轉型試驗的農業試驗所、作為臺灣現代化社區轉型的光復新村、作為九年國民義務教育試驗與生態地景教育的臺灣省教育廳、921 地震教育文化園區等等，莫不是位居霧峰區內，在歷史中扮演著承續過往、開展未來的轉型貢獻。

　　這充分顯示霧峰並不只是一個平常的鄉鎮，而是有其非常獨特的歷史脈絡與文化底蘊的地方。這片土地家園，值得我們更深廣地去挖掘與闡揚。更進一步用當代的社會發展情境作詮釋，我們認為霧峰所具有的珍貴文化內涵與地方精神，是「臺灣轉型試驗文化」的展現：一種勇於夢想、勤於實踐的草根科學精神。它不僅是一個隱藏人文珍寶的豐美之鄉，它更是臺灣追求現代化轉型的「試驗之城」、「先驅之城」（the Pioneering Town）。

## 文化觀光

　　為了延續與闡揚這樣的文化深意與地方精神，我們開始以「先驅之城」作為城鎮品牌之發展願景，以「霧峰 · 轉型試驗城鎮之旅」作為手段路徑，期望結合在地產、官、學、民各界，從五個面向再一次全面性地創新探索未來臺灣文明轉型的重要內涵，包括文化面的「在地文藝復興運動」、農業面的「新健康農業」推廣、政治面的「詩情民主運動」、社區面的 「綠活生態村」建造，以及教育面的「全人生態教育」促進，更進一步將它規劃形成五條二日遊主題性路線的學習之旅。

　　於是，我們持續導入跨院系的課程、畢業專題與碩士論文行動研究，一方面持續前瞻性的開創文化資產的新時代內涵，一方面擴大宣揚理念，營造全區發展願景共識。

　　繼光復新村文資保存與活化的計畫實施之後，我與地方團體持續執行一系列的文資保存活動，諸如：協助將「民生診所」保存活化成為「霧峰 · 民生 · 故事館」，係由霧峰區農會所經營，作為霧峰食農教育總部；參與「北溝故宮文物庫存遺址」的歷史建築指定登錄；將「舊省政府教育廳」歷史建築活化成為「老無

老素樸藝術中心」；此外，還有「學老農學院」、「魚鳥公共藝術學院」等理念型場域的陸續開闢等等。在執行計畫的歷程中，我的腳步從未停歇，也逐步看見了，一個具有跨時空人文深義的「霧峰文化觀光之旅」慢慢成形。

終於，在 2018 年合作執行的臺中市學習型城市計畫：「共創共學藝麗之都、臺中好學好美」，推動了「霧峰‧轉型試驗城鎮之旅」首部曲；並於 2019 年開授「優游臺中學」課程計畫時，再次帶領高中生與亞大學生，一起參與「霧峰‧轉型試驗城鎮之旅」二部曲。一路執行計畫的點點滴滴，為著霧峰的過去、今日與未來的文化建設，我知道我與夥伴、學生們所流的汗水，是伴隨著對土地家園的愛，而注入霧峰的；而霧峰回饋我們的，也是一次又一次轉型試驗之旅的嶄新文化風貌。

2018 年，「霧峰‧轉型試驗城鎮之旅」首部曲，亞大師生帶領遊客參觀「老無老素樸藝術中心」。

## 組織整合

　　亞洲大學在霧峰的社會實踐，同時是個理念的倡導者，也是方案的執行者。然而，城鎮發展與地方創生必然是個整合性的志業，需要匯集地方各部門的意識與資源，共同來築夢實現。經過十多年來，地方各部門在各種活動中的合作共事，逐漸建立信任默契。因此，我們首先藉由 2018 年執行舊教育廳活化的 USR 計畫活動時，敦請李鴻裕前區長舉辦「霧峰轉型發展座談會」，邀集霧峰農會、霧峰林家宮保第、明台高中、霧峰文化創意協會、臺灣花園城市協會、熊與貓咖啡書房、絲田水舌永續企業、亞大教授、宇揚建設、音樂世界旅邸、霧峰國小、復興國小、田園陶藝軒……等等單位代表，一同探討霧峰未來發展。

　　緊接著，在 2019 年由霧峰區農會黃景建總幹事和我共同倡議主導成立「霧峰轉型發展策略聯盟」，以作為霧峰發展的政策論壇；繼而在 2020 年 5 月，正式成立「臺中市霧峰文化觀光協會」，由霧峰林家宮保第文化園區林俊明總經理擔任理事長，由我擔任總幹事。完成組織整合，開始下一階段「霧峰 · 轉型試驗城鎮之旅」的推動與霧峰「先驅之城」的城鎮品牌實現。

| 2020 年 5 月正式成立「臺中市霧峰文化觀光協會」。

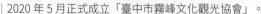

## 人文劇場

2020 年，我們由跨院系十位教授所共同組成的「亞洲大學人文發展創新實踐團隊」，將「城市即劇場」理念導入「臺灣轉型試驗文化創新實踐 USR 計畫」——阿罩霧人文劇場。希望將存在於霧峰中各個大大小小的文資景點，轉換成具有跨時空主題深意的人文劇場。

「阿罩霧人文劇團」

團員招募說明會

掃描
即刻報名

報名：楊小姐 0937-383-608
時間：2020.12.13(日) 10:00-14:00
地點：藏藝會館(霧峰區萊園路141巷90號)
主辦單位：亞洲大學USR計畫團隊
　　　　　中華民國詩情公民文化協會

｜「阿罩霧人文劇團」的招募說明。

阿罩霧人文劇場

　　我們開始帶領課程學生利用各個文資場域，舉辦「阿罩霧人文劇場工作坊」以及「阿罩霧人文劇團」的招募說明。再配合霧峰區公所年度一區一特色計畫：「看見人文阿罩霧」，在舊省政府教育廳（「老無老素樸藝術中心」）舉辦盛大的「阿罩霧文化辦桌」活動，統合了區公所、學校、社區、協會、社團與企業等近 40 個單位的參與。並依照「在地文藝復興」等五大主題地方博覽會形式，展示了阿罩霧豐富的人文內涵，場面融合而熱烈。同時，我們也將曾經存在於霧峰的重要歷史人物——如梁啟超、林獻堂、謝東閔、黃票生等——生動地編劇在整個活動過程之中；開始帶領霧峰在地居民與遊客，對「霧峰先驅之城」展開跨時空的文化認識與想像。

## 立足學術、開顯鄉里

　　作為一位大學教授，可以投入協助地方振興的時間與資源相當有限。儘管如此，身為學者還是可以扮演某些有意義的角色，發揮一定程度的社會動員力。這幾年，在霧峰的社會實踐過程，我一直試著扮演三種角色：理念傳播者、資源引介者與協調整合者，並以「立足學術、開顯鄉里」作為座右銘。立足學術，所以要深厚的去認識社會、探求真理，要有草根科學的精神和論述；開顯鄉里，則必須能聯結大學校園與政府部門的眾多專業資源、課程資源與計畫資源，導入促成有意義、有累積性的地方發展。還要能接地氣，將理念和資源與地方各部門協調整合，以產生集體的綜效。這也是我所創發之「公民領導理論」的真切實踐：只要有理念、有夢想，不再觀望、等待，並付諸持續的行動，人人都可以也必須成為領導者，才能發揮一定的社會開創力。

河的一岸，戴著斗笠、穿著白短衫的老伯在蚵田下揮汗工作；河的對
岸，深藍海水，矗立許多不搭調的六輕巨大煙囪，彷彿賽博龐克那種
墮落衰敗的近未來科幻片景象呈現在眼前。

曾經，我拋棄過家鄉。如今，我手握攝影機，用臺西人的眼睛與韌性，
將村民的真實心聲傳達出去，將臺西的悲苦真實體現出來！

我是一隻飛出去的燕子，沒有歸巢，但我將持續叼回築巢的橄欖枝，
讓臺西更好。

# 離岸 · 歸巢　│三│

**聯合國永續發展目標 SDGs**

**作者檔案**

**林家安**
創意設計學院數位媒體設計系
現任亞洲大學數位媒體設計學系副教授,紀錄片工作者。長期以來透過影像觀看、詮釋,臺灣西海岸的歷史與文化面貌。並透過藝術介入與社會實踐回應環境變遷下人的處境與問題,在過程中尋找改變的可能。凝聚共識,在群體與影像行動中,介入對話,企圖為環境與人的生命處境找到改變的機會,為環境永續盡一分心力。

**陳峻誌**
通識教育中心
中興大學中文系文學博士,現任亞洲大學通識中心專案助理教授,開設文學與生活等課程,深耕文史,文學造詣深厚,喜好觀察,認為文學自在生活中,無事不可以書寫,任何小事透過有趣的心思就能成為好的文學作品;尤好民間信仰,為太歲信仰研究專家。多年來引導學生認識霧峰、探查鄉土,成績斐然,並協助多位教師共同編撰文稿,樂於運用專長服務學校、奉獻社會。著有現代詩集《我也》。

大自然從來不欺騙我們，欺騙我們的永遠是我們自己。

——盧梭

　　我長大一定要離開這個破地方！

　　我出生在臺西。小時候過年，跟父母到外地的親友家拜年，他們的小孩聽說我是臺西人，常常就會指著我笑說：

　　「騙人！課本有教臺北、臺中、臺南，還有臺東，哪裡有臺西啦！哈哈哈……」說真的，當時的我完全不知道為什麼被笑，我就臺西人呀！

　　稍長一點，從外地人那邊聽到了「臺西出流氓」的說法，曾有一陣子讓我很不服氣。其實他們也沒說錯，村子靠海，但漁業、農業都不甚發達，日子不是很輕鬆。村裡的年輕人，確實不愛念書，又不願像長輩那樣捕魚、種田，卻沒有其他較好的工作機會，的確常在鄉間做出不太好的行為。話說回來，漁民、農民雖說純樸，但因為工作的關係，成天不是與海水就是與泥水混在一起，全身髒汙，說起話來大聲大氣，外人誤以為是流氓，似乎也不冤枉。然而無論有什麼深層社會結構的因素，年幼的我越來越對自己的家鄉感到自卑。

　　更大一點，才驚訝發現，臺灣有兩個臺西，比較有名的是雲林臺西，而我的臺西，在彰化大城，那個曾經差點讓白海豚轉彎的地方。於是我更困惑了，本該令人自豪的家鄉，對我而言，對臺灣而言，到底算什麼？

　　因此不知何時開始，我默默許下「未來一定要離開家鄉」的心願。

　　大學時，總算考到了北部學校，成功離開這個破地方。

## 一門課程，讓我重新了解故鄉

　　我學的是攝影，2005 年春天，一門社會報導的課程，要求我們自行尋找題材進行採訪。我趁春假回家一趟，還記得那個春天氣溫已經很熱，濁水溪出海口的濱海小村落，零星的樹木遮不住烈日，低矮的瓦房被曬得發燙。已經習慣空調世界的我，亂逛到海口吹風。

　　其實也不是太確定是海灘還是河灘，風的味道是鹹的，水邊混雜著潮間帶特有的植物。走到一處蚵田，一望無際的蚵架兼具廣闊與衰敗，我立刻舉起相機捕捉這片矛盾之美。

　　我拉長鏡頭，想用長焦營造遠近的對比，稍微晃動的鏡頭角落，瞥見一個戴著斗笠、穿著白短衫的老伯，大概是蚵田的主人吧？「靠近一點，加入蚵農的滄桑，畫面應該會更有感！」我如此心想，並提步走近，向老伯打聲招呼，獲得同意後，拍下了一些滿意的照片。

　　登時想到，何不拿老蚵農當作業主題呢？簡單跟老伯聊了幾句，有了大概的想法，約了老伯兩天後進行採訪。

　　坤伯已經 70 歲了，老伴前兩年癌症走了，子女也都在外地打拚，只有自己一個人住。子女日子也不好過，自己還是得養蚵，「不然要吃啥？」坤伯無奈的表情，我至今記得。

　　海風順著濁水溪口逆流而上，雖然已是春天，其凜冽不下寒冬。加上烈日曝晒，即便臨海，卻更顯得乾燥。坤伯黝黑且枯瘦的身形，令人看了難受。

　　「作海人本來就這樣，兩個人也是做，一個人也是做，這300 枝蚵架都是我自己綁的，不然要找誰？老了，對面工廠蓋起來以後，蚵仔有味道，價格比以前差，請不起人了！」坤伯指向河的對岸，我的目光順著看了過去，彷彿賽博龐克那種墮落衰敗的近未來科幻片景象——翠綠色河岸與深藍色海水的後面，很不真實地矗立許多不搭調的六輕巨大煙囪——竟然呈現在眼前。

　　「老伴得癌症走了，我也罹患肝癌，聽人說因為工廠的關係，我的蚵仔有毒。我養了一輩子蚵仔，我自己養的自己吃，吃到自己得癌，別人也不敢吃，賺不到錢，讓子女難做。我這輩子就這樣了，不然要怎麼辦？」坤伯的眼神充滿對老伴、對家人的愧疚。

　　說到這裡，坤伯轉過身，指著北邊遠方：「北邊已經都是大工廠了，聽說再往北一些也要蓋大工廠。那些大老闆越賺越多，我的蚵仔越死越多。」當時我還不知道坤伯在說什麼，直到幾年後「海豚會轉彎」事件才恍然大悟，坤伯擔憂的是國光石化。但等不到國光石化落幕，坤伯已經先一步帶著日復一日的焦慮走了。

　　坤伯堅毅的眼神，以及望著遠方巨獸的落寞，不斷在搭往臺北的列車上浮現腦海。

　　曾經自卑的我，拋棄過家鄉一次，現在手握攝影機的我，難道還要再逃避一次嗎？

| 雲林西海岸工業化，養殖戶擔心帶來養殖產業的風險。

## 國光石化，讓家鄉對立分化

　　從久久返鄉一次，我逐漸增加回家的頻率。在一次次轉車再轉車的周折中，我更清楚地認識了臺西。

　　2008 年，國光石化的議題正式浮出檯面，電視新聞一會兒是

「大城鄉民反對國光石化」，轉臺之後卻是「大城鄉民喜迎國光石化」，一時半刻我也懵了，到底哪一家的報導才接近事實？那段時間到村裡拍攝，雜貨店、廟口總有不少長輩激動討論著，有支持、有贊成，時而從討論變爭論，從爭論變爭吵，一不小心就打起來了。然而無論何種立場，都透露出濃濃的無可奈何感。

支持的人也是為了生活，希望大工廠可以增加工作機會。反對的人則強調為了生存，自從六輕開始運轉之後，村裡越來越多人生怪病。我第一次身處新聞現場，第一次如此近距離觀察到環境與經濟的拉扯。沒有哪一方的立場絕對正確，人人都有屬於自己的正義。但無論何種立場，總是為了家人好，為了家鄉好。

從這一刻起，我領悟了自己對於家鄉的使命，雖然還只是學生，但我有攝影機；只要我有攝影機，我就能用臺西人的眼睛、用臺西人的韌性，將村民的真實心聲傳達出去，將臺西的悲苦真實體現出來！

在持續拍攝與探訪的過程中，我認識了自救會。自救會成員很多元，漁民、農民、家庭主婦、小店老闆、工人、教師、教授、學生……每個人對於家鄉的想像或許有差異，但都有一顆熱愛鄉土的心。沒有什麼外部資源挹注，大家有錢出錢，有力出力，憑著的就是一顆火熱的心。

經由一些專家學者和鄉親的帶領，我錄下了臺西沿海的景象。臺西真的不是一個人們眼中美麗的地方，海邊除了蚵架與少數魚塭之外，基本杳無人煙。既無星砂可採擷，也無歐風教堂可拍照，有的只是濁水溪沖刷下來的無盡塵沙，在海口堆積成沙丘魔堡。

我的鏡頭從海岸，逐漸轉向村莊。村子不大，有一大半都是

時耕時廢的田，因為地力不好，砂質土壤不能種植稻米，適合蔬菜瓜果的種類也極為稀少，曾經盛行過一陣子西瓜，可是夏天從六輕吹來的臭氣，實在令不少農民丟下瓜田躲避。六輕蓋起來以後，對村裡影響很大，有幾個阿伯覺得有商機，貸款蓋了全村最高的幾棟三層連棟樓房，想趁機賺一筆。一開始確實也有一些六輕員工來看過房子，但一開窗就看到六輕高聳入雲的煙囪，以及難以逃避的味道，最終淪為羊舍，因此被戲稱「大羊宅」。

方方正正的「大羊宅」在幾乎都是紅磚黑瓦的村裡更顯得突兀。轉個彎，阿龍哥把自家臨著馬路的圍牆漆上「我愛彰化、不要石化」幾個大字，年年細心重新上色，多年過去了，國光石化已經落幕，但六輕還在。大家都知道麥寮深受六輕之苦，可是一河之隔的臺西卻乏人聞問。

坤伯與妻子都死於肝癌，坤伯人很憨厚，常說自己可能是吃太多蚵仔了。可是自救會不這麼認為，2018年臺大團隊研究證實，臺西村民的血液、尿液重金屬含量遠高於雲林縣鄉鎮，並且自從六輕運轉後，村民罹癌數就快速增加，較全國高出好幾倍！蚵仔依靠海水而生，海水受汙染，蚵仔自然就不乾淨。可是坤伯跟妻子不懂、也無力探究自己生病的原因，只能怪罪自己世世代代養蚵、吃蚵，搞得又窮又病，最終孤單離去。這樣的故事在臺西簡直隨處可聞，但是臺西太小了、太遠了，許久才能被媒體關注一下，兩三天後又被遺忘了。

臺大的研究登上了國際學術期刊，可是六輕依舊扭曲各種數據，試圖卸責。而政府多年來還是那句：依法行政，謝謝指教。

## 曾經的離鄉人，如今的愛鄉人

　　記得最後一次見到坤伯，還是在他的蚵田裡。那時他的精神明顯虛弱很多，一個老人在烈日下一綑一綑綁著蚵苗。我很不純熟地幫忙綁了幾串，坤伯覺得我礙事，問我：

　　「你讀書讀那麼高，穿西裝在大公司工作就好，為什麼要拿攝影機在這個破地方晃來晃去？這裡沒用了啦！年輕人就應該出去打拚，不要像我這個沒用的老人，在這個沒用的地方討生活！」

　　「我在這裡出生，我的童年在這裡，我的家人在這裡，世世代代都在這裡，現在我有能力，我不能丟下不管！」那時的我，即便只有一架攝影機，終於還是說出躊躇滿志的宣言。

　　現在身為人師，我常常跟學生們說：「家鄉無論多好多壞，總是自己的根，是自己的根，就必須要了解她、認識她、扶持她，這才叫愛鄉土。」

　　「可是你們也許從高中開始，就離開家鄉，像我就是。我對家鄉不熟悉、不理解，自然情感就薄弱，就不可能愛她。」我繼續補充：「如果年輕人都一早背棄家鄉了，家鄉的文化該由誰來繼承？文化根源就會逐漸流失。家鄉的長輩誰來照顧？家族之間的聯繫就會斷裂。家鄉的問題誰來關心？地方上的公共事務就會越發混亂。」因此我很鼓勵學生以自己的家鄉做為討論對象，畢業專題可以多用影像將家鄉記錄下來，幾年來指導了幾篇雲嘉南濱海鄉鎮的專題甚至學位論文，這些都會成為種子，並在未來萌發茁壯！

　　我當年逃離家鄉，心裡只想著「這個破地方，沒救了啦！」卻沒想過「破地方，需要誰來救？」逃避很簡單，解決問題卻很

難，在外面兜兜轉轉那麼多年，才想通「破地方需要破地方的人自己救！」

│ 西海岸工業化，風速緩慢的情況下常可見黑色的雲帶，讓人擔心空氣風險。

## 燕子銜泥，終歸巢

　　我一定要回來家鄉。

　　我不是政府官員，沒辦法帶回來大量資源；我不是企業家，沒辦法帶回來工作機會。我能帶回來的，還是那部攝影機。透過這次計畫，我們團隊更完整地記錄了臺西人與六輕的對抗，臺西猶如「大型工業區下的集中營」，具體而微地呈現出經濟、環保零和競爭下，小老百姓束手等死的無奈。

　　坤伯離開以後，隔壁種西瓜的邱嬸家，長子受不了臭氣也離鄉了，剩下兩個老的繼續種西瓜；接著是邱嬸伯參加了臺大團隊的健檢，才知道近年越來越嚴重的咳嗽，竟是肺癌。更令邱嬸頭

痛的是，西瓜再度歉收，種下的苗只活了六成，而且一個個都長不好，賣不到好價格。再後來，邱嬸伯也走了。

小小的臺西，一年到頭都能聽見送葬的嗩吶聲，就像用高分貝驅趕著所有年輕人：走吧，不要回來呀！

但就因為這樣，我更要回來。我必須把臺西的狀況傳達出去，我們已經是第一批受害者，我們用自己的家鄉和生命作證：沒有環保就無法生存！當大家專注於整體 GDP 的時候，我們用自己的健康與工作證明：漂亮的經濟數據只是大型財團的華麗外殼，掩飾不了臺西村的破敗與苦痛。

我是一隻飛出去的燕子，如今還沒有歸巢，但我持續持續叼回築巢的橄欖枝，相信有朝一日，臺西會更好！

┃ 亞洲大學數媒系與職治系學生共同推動河海邊境影像書寫與長者大手牽小手關懷計畫。

彰化縣大城鄉臺西村影像介入與大手牽小手在地長者關懷計畫。

國姓鄉，一個常被忽略的山城小鎮。

20 年前，一場臺灣世紀大震在此發生。

20 年後，我們以「教育」為出發點，帶領震後出生的孩子見證大自然的威力。

站上瞭望臺，望著震後再也無法平復畸形地貌，我們學習到——

唯有尊天、敬天，與自然和平共處，互利共贏，才能生存下去。

# 寒冬盛開 的梅花

|四|

### 聯合國永續發展目標 SDGs

### 作者檔案

**黃淑貞**
通識教育中心
高雄師大國文學系博士，現任亞洲大學通識教育中心
教授兼主任，為「國道六號美麗與哀愁」計畫主持人，
由計畫團隊教師及自主學習學生共同參與，深入了解
並推廣國道 6 號的沿途之人文、自然及科技之美。

只有順從自然，才能駕馭自然。

——培根

1999 年 9 月 21 日凌晨一點四十七分，一場突如其來的大地震，是全臺灣人共同的震撼記憶，對國姓鄉南港村的村民而言，更是一輩子無法忘懷的經歷，原本沒沒無名的九份二山，更是一夕爆紅，成了新聞 24 小時接力播報的主角。

## 總是錯過的山城小鎮

國姓，一個很容易走過路過就錯過的山城鄉鎮，在國道 6 號尚未興建之前，遊客進出埔里、前進日月潭、清境、合歡山等遊覽勝地，行駛臺 14 線一定會經過的地方；盛產草莓的冬季，受不了塞車之苦的民眾，索性停下車來採草莓，享受短暫的農收採擷之樂，再不就搖下車窗買根玉米在車上啃，才能心甘情願塞進埔里或塞回臺中；為振興震後南投經濟而興建的國道 6 號，並沒有讓遊客停車駐足，即使國姓交流道票選為全臺最美的高速公路十大美景第一名，也是叫好叫座，對國姓的經濟效益也是杯水車薪，車子只是直接在雲端呼嘯離去。

今年度，我們的計畫再度獲得教育部補助，場域從原本的霧

峰、草屯延伸到國姓，一個 85% 是客家人的山城、南投八成的水鹿皆在這養殖、遠近馳名的國姓咖啡……這是我們對國姓最粗淺的認知，當然還有一個大家想碰卻一直猶豫的景點——九份二山。20 年了，當年的傷痛都過去了，臺灣也早就走出 921 地震的陰霾，甚至浴火重生，我們是不是還要再揭傷疤？還要再沉浸過去？團隊成員糾結很久，最後決定以「教育」為出發點，帶領這些震後出生的孩子見證大自然的威力。

　　來到已是著名的觀光景點——震爆點、傾斜磁場屋，對計畫主持人黃淑貞老師而言，是一種難以言喻的複雜心情。當年初執教鞭，在某一所科技大學擔任週末進修專班的國文老師，地震之後，一位男學生哭著跟她說：「老師，我沒辦法再繼續求學了，我們整個村子幾乎都活埋了，我找不到我的家在哪？我的父母也不見了，我和哥哥回去，踩在地上，都很怕，不知道會不會踩到我的爸爸媽媽，只能跪下來，上柱香，燒個紙，我再也不敢回去了，我沒有家，也沒有父母了，只剩哥哥了……」淑貞老師說，二十多年過去，那滿臉淚痕、哽咽身影，在每年的 9 月 21 日仍然會浮上心頭。

## 一場世紀災難，隆起後永遠無法平復

　　站在瞭望臺，望著眼前嚴重變形的地貌，奇石怪岩裸露，像是地表紛紛冒出的石筍，但一點都不討喜，而且面目猙獰，令人不寒而慄；遠方紅色屋頂孤立地躺在岩壁上，這棟小屋原本是在觀景臺後方，但地震的威力把它狠甩到 2、300 公尺遠，連帶朱姓屋主夫妻也在一瞬間移到那裡，朱姓屋主正是「傾斜屋」的原建築師，那是他哥哥的房子。

　　一場天崩地裂的世紀大震，他們的家鄉成了震驚全國大地震的「震爆點」，四、五座山同時炸開，翻轉在一起，瞬間走山 2 公里，崩塌的土石量高達 3500 萬立方公尺，14 戶 41 人及 289 頭水鹿永埋地底。

望著眼前嚴重變形的地貌，奇石怪岩裸露，面目猙獰，令人不寒而慄。

　　那個漆黑的夜晚，九份二山就像是發生大爆炸，轟轟聲響不斷，南港村 11 ～ 13 鄰數十戶人家，隨即陷入曲折離奇的地龍飛舞中，有的傢俱和車輛被彈到 200 公尺以上的高地，有的原本高地塌陷 200 公尺，社子坑山和金瓜山石則夷為平地，10 餘公傾的坍方土石填滿原本的山谷，眼前觸目驚心的灰黑岩石，難以想像前身是翠綠的梯田，移山填谷竟是一瞬間的事。

　　朱先生夫妻被移 2、300 公尺不是唯一的驚駭，張姓母女三人才是驚奇，她們有如坐在魔毯上，飛到了 1 公里外的平地……那一夜，臺灣各地上演了非常多生離死別的故事，南港村當然也是，但卻不多，因為一夜之間，14 戶人家根本來不及和鄰居說再見，自然無法現身說故事。

　　即便如此，朱先生還是感恩的說：我們不是受災戶，而是平安戶，經歷這麼大的地震，我們還能平安活著，這是福氣。朱先生對這場大地震沒有怨懟，只有感激，感謝當年來自四面八方的援助與鼓勵，他只希望自然景觀不要被破壞，讓世人可以見證大自然不可忽視的力量，真正了解地震後的面貌，並保護當地的自然環境。

｜九份二山場域探勘，國道 6 號的美麗與哀愁團隊合影。

　　山下的「傾斜屋」一家人早已搬離此地,但朱太太仍然每天「回來」,守著小攤子,跟遊客們描述傾斜屋的「前世今生」。這棟房子是她的小叔設計蓋的,於 1988 年新居落成,當時他們家和現在的馬路一樣高,但是一場天搖地動瞬間隆高 3 公尺,屋後原本可以看到一整片的藍天白雲,但也飛來了一座山,擋住一半的天空,現在樹蔭濃密,環繞整棟房屋,而屋前原本一片平坦,也瞬間長了三層樓高的高地;水泥地基更是歪七扭八的傾斜,地面隆起龜裂,牆壁處處裂痕,但房子卻仍屹立不搖,我們踩在龜裂的地面,完全無法站直,愈靠近屋子愈明顯,朱太太說站在這裡的遊客有九成會有頭暈現象,這是地震之後,能量磁場位移造成的。當年地震發生後,將 10 元硬幣貼於牆上,並不會掉落,但經過這麼多年,我們當場做此實驗,並沒有成功,也許磁場能量已消退,不過,令人百思不得其解的是在傾斜屋方圓 100 公尺內手機是沒有訊號的。

　　那天,朱太太紅著眼眶跟我們說:這 20 年來,我講解了不只上千次,但心還是很痛,每次聽到遊客用「傾斜屋」來形容我曾住過的房子,心頭還是很酸,聽著大家站不直的嘻嘻哈哈,還是很難過,但我還是會堅持每天都來,而且還要跟遊客們解說傾斜屋的來龍去脈,在大自然的面前,我們都是渺小的個人,只有學會尊天、敬天、與自然和平共處,互利共贏,才能生存下去。

　　震爆點與傾斜屋,和因地震崩落的岩石與土堆阻斷韭菜湖溪及澀子坑溪而形成的兩座堰塞湖,已規劃為九份二山地震紀念公園,雖是著名的觀光景點,但更是地震的活教材,來此參觀的遊客不只體認大自然的威力,更感受到它的無情。

　　距離傾斜屋 2 公里外有一處私人梅園,每年 12 月底強烈寒流

「傾斜屋」一家人早已搬離此地，但朱太太仍然每天跟遊客們描述傾斜屋的「前世今生」。

　　來襲，梅花才會綻放，滿山的白梅隱身在令人心疼的九份二山裡，只有內行的人才知道前往欣賞。無論有沒有人欣賞，她仍然愈冷愈開花，就像南港村民一樣，地震前沒沒無聞，地震後，雖然以驚天動地的災情佔滿新聞畫面，20 年過去了，位處地震帶的臺灣，大小震仍不斷，每年的 921 也許會再被提一次，但其他日子，如同國姓的梅花，無論有沒有人聞問，她仍然愈冷愈開花，再結成青脆可口的梅子，生命的韌性，依然十足。

座落於大甲溪畔的松鶴部落，曾被泰雅族原住民稱為「德芙蘭」，如此美麗的稱呼意謂此地是水源豐沛、土地肥沃、適合人居住之地區；然歷經多次天災後，此地區不僅部落人口大量流失，亦面臨原民文化逐年流失的問題。

當我帶領大學生踏上松鶴橋，走進部落的那一刻起，如何讓部落文化在漢化過程中仍保有自身文化底蘊，使其風華不減，成為我們與部落學子共同努力的目標。當一民族或族群的文化逐漸流失時，尋訪並保留該民族之傳說與故事，乃是傳承文化資產的方式。於是，我們以大手拉小手的友善模式，在大學生與小學生通力合作下，一個又一個部落故事數位繪本被創作出來了。

# 松鶴ＵＳＲ之旅—大學在地共創部落文化薪傳

|五|

聯合國永續發展目標 SDGs

作者檔案

## 王晴慧
通識教育中心
中正大學中文系文學博士，現任亞洲大學通識教育中心副教授，為落實大學社會責任實踐精神，解決部落傳統文化逐年流失的危機，自 2018 年起，持續帶領大學生至松鶴部落國小進行社會實踐工作，從尋訪部落故事至建構部落故事數位繪本，以大手攜小手的友善合作模式，逐步落實部落文化之傳承，並增進部落兒童對自身文化的認同與歸屬感。

沒有一顆心，會因為追求夢想而受傷。當你真心渴望達成某件事時，整個宇宙都會聯合起來幫助你完成。

——保羅・科爾賀

　　教育部自 2017 年啟動大學社會責任實踐計畫，簡稱 USR 計畫，計畫以「在地連結」與「人才培育」為核心，引導大專校院以人為本，從在地需求出發，解決區域問題，善盡社會責任。在 USR 理念下，大學不再只是學術研究與人才培育，更要投入更多學界能量，深耕在地，帶動所在地區的繁榮與發展，實踐大學的社會責任。

## 回首緣起

　　秉持讓大學成為深耕地方的推手，同時亦培育大學生成為從在地需求出發的社會實踐者，我自 2018 年起，陸續執行校內的 USR 計畫，擔任「大學在地共創部落奇思夢想——松鶴原民學童原創力栽培暨文化深耕實踐計畫」的計畫主持人，與其他有志一同的六位校內、外教師共同合作，帶領本校大學生至大臺中偏鄉地區松鶴部落的博愛國小，進行社會實踐工作。2019 年接續執行「大學在地共創松鶴部落人文再造暨原鄉創生實踐計畫」，仍持續以大學耕耘地方的模式，進行社會實踐工作。

　　為使計畫永續耕耘，我除了執行原有的 USR 計畫，並於 2019 年起陸續執行教育部教學實踐計畫的 USR 專案（USR 導向之數位繪本創新教學實踐計畫：以 PBL 結合接受美學暨奧福教學法推動大學生共創部落文化薪傳）及教育部敘事力創新教學計畫（大學在地共創阿罩霧綠活村夢想社區），希冀能以 USR 理念推動課程與地方再造結合，並培育參與課程計畫之大學生，能運用所學知識技能，解決真實世界議題，開拓文化視野，關懷弱勢與培養利他助人的使命感。

　　「老師，您下次什麼時候會再帶我們到部落辦活動？我真的大開了眼界，從規劃、開會、討論、演練到執行，這幾個月讓我看見我的改變，呃⋯⋯下次如果還要進部落執行計畫，可以再讓我參加嗎？」平日羞怯內向的 C 君，眼裡閃著晶亮的光芒詢問我。

　　「老師，我們前往松鶴部落進行活動與服務學習，有所成長的，不僅僅是部落的學生們，還有我們這些大學生。如果下次還有機會，我仍想和老師一起前往部落服務，跟著其他夥伴一起成長！」平日開朗愛笑的 H 君，在服務日誌裡，向我訴說他的心聲。

　　那些跟著我下鄉執行 USR 計畫的大學生，於計畫執行期與結束後，都紛紛表示經由計畫案的實際參與，能帶給他們很多成長，並拓展文化視野，不但因此了解原住民族群的文化，並進而懂得尊重非主流文化之存在價值。

　　從學生的反應中，我發現拋給學生真實世界的議題，並將學生帶領到社區場域中，使其實地親近社區，對學生的學習成長及問題解決能力，不但有實質上的幫助，且更能拉近學生與真實世界的距離，並讓學生在社會服務中，激發內在的利他精神。

　　一所大學在區域發展上，可說是扮演關鍵的地方智庫角色，若能主動發掘在地需求、解決問題，並推動社區文化的創新發展；同時，藉由執行計畫的過程，讓參與計畫的大學生感受到「被社區需要」，提升其利他精神與人生價值感，乃是落實大學社會實踐的目的，而這也是我推動 USR 課程的理念。

## 從在地關懷出發

　　我任教於亞大通識教育中心，教授文學、繪本、電影符號與美學等相關課程，這些課程大多是以文本分析為主；但在學校推行問題導向學習法（Problem-Based Learning, 簡稱 PBL）及課程融入服務學習後，我的課程設計，開始由文本分析轉向在地關懷的社會責任面向；加上我執行 USR 計畫的因由，故遂逐漸帶領學生走向大學社會實踐之路。

　　在關注在地社區議題的過程中，我與外文系劉秀瑩、幼教系劉斐如、休憩系林錫銓、童秋霞等教授一起攜手投入 USR 計畫，並決議以松鶴部落作為計畫的實踐場域。

　　松鶴部落隸屬臺中市和平區，海拔約 700 公尺，為泰雅族原住民聚落。部落裡僅有一所國小，與都市孩童的教育資源相比，部落學童明顯更為不足；且歷經多次天災後（1999 年九二一大地震、2001 年桃芝颱風、2004 年七二水災、2009 年八八風災等），大部分的家庭都有經濟困難、隔代教養比例過高等問題；而漢化造成原住民母語傳承不易的因素，亦使部落面臨原民文化逐漸流失的問題。

　　在幾次的討論與實地勘察中，我們認為松鶴部落原住民所面臨的文化流失與傳承問題，乃至部落文化觀光發展等課題，實有

待學界整合相關知識、技術與資源，針對部落困境予以協助。有
鑑於此，在蔡進發校長、柯慧貞副校長、張少樑學務長的支持下，
我與上述四位教授攜手合作，執行「松鶴原民學童原創力栽培暨
文化深耕實踐計畫」，並再邀請長期研究原住民議題的靜宜大學
人文暨社會科學院院長兼（時任）南島民族研究中心主任郭俊嚴
教授，以及臺中教育大學文化創意產業設計與營運學系郭政忠教
授擔任校外共同主持人。我們依地方需求，因應部落現況問題，
規劃出各項子計畫，聚焦在弱勢族群的原民兒童身上，期望透過
各項活動之施行，打造原民兒童的原創力，為松鶴部落的文化發
展與傳承，貢獻一己之力。

## 共創部落學童奇思夢想

　　松鶴部落 USR 計畫的執行，是分階段逐年實施的，第一階段
的執行目標，在於啟發部落學童的原創力，第二階段則在於引導
部落學童認識部落傳統文化及其精神。故我與幾位教師於 2018 年
暑假，先在松鶴部落博愛國小舉辦為期 10 天的「松鶴學童原創力
夏令營」，並帶領亞大學生參與計畫，希冀透過活動促進部落學
童的原創力發展，讓他們從探尋原鄉的活動中，進一步認識部落
文化，認同自身文化。夏令營課程乃是依 4 個子計畫（部落故事
數位實踐、驚艷部落美聲、部落生態智慧、部落社區美學 DIY）
執行目標來策畫活動，共計有 6 位執行計畫的教授帶領大學生進
駐部落，執行計畫活動。

　　在進駐部落的前三、四個月，我們帶領助教及參與計畫的大
學生以 PBL 學習模式，探索松鶴部落的現況與策劃活動。大學生
們在一次次密集的行前會議中，撰寫出如何讓部落學童認識部落

文化的企劃案，這些行前的準備活動，乃是大學生在接觸原鄉文化前的起點行為與先備知識的展現。而後，當我們帶他們到部落實際執行活動後，學生不僅得以驗證行前準備資料的差異性與吻合度，並進而發覺更多在地問題，再設法解決問題。如此的「拋出議題→發現問題→解決問題→發現問題→再解決問題」之歷程，是一種螺旋式的滾動學習歷程，也是落實 PBL 融入 USR 的實境學習模式。

在「部落故事數位實踐」的實施過程中，我們透過「尋訪部落故事」活動，以口說、敘寫、捏紙黏土及彩繪構圖的方式，強化部落學童的想像力與創造力。為引導不熟悉畫畫的部落學童，我們先讓兒童以紙黏土捏製出所要創作的故事人物，再讓他們照著黏土人物畫出圖像人物，在趣味化的活動中，一個個故事中的主角、配角，一一被創作了出來，儘管圖像顯得童趣且稚樸，但如何創作人物的過程，卻在寓教於樂中落實了。

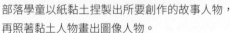
部落學童以紙黏土捏製出所要創作的故事人物，
再照著黏土人物畫出圖像人物。

　　我們再導入劇本結構與分鏡概念，以最基礎的四格分鏡構圖方式，讓部落學童在教授及大學生引導下，分組畫出部落故事的四格分鏡圖，然後再進行更拓展情節的八格分鏡圖設計。

部落學童上臺發表「部落故事四格分鏡圖」，教授援引劇本設計概念引導學童創作部落繪本。

　　在「部落故事數位實踐」的活動歷程中，亞大師生指導部落學童以分格圖畫進行部落故事的分鏡設計，讓學童瞭解數位繪本製作的前置作業。其後，大學生將學童繪製的分鏡圖，帶回學校進行後製，製作成有聲的數位繪本；亦有大學生根據學童的故事構思，重新編排腳本，製作部落故事數位繪本。當我們下次再進部落實施活動時，會播放在前期活動裡大學生與小學生共同創作的數位繪本給小朋友看，這不僅能激發部落學童對活動感到新穎趣味而引起學習動機，亦因此增進部落學童對自身文化的認同與歸屬感。

| 部落學童在教授與大學生的引導下，繪製出一張張部落故事的繪本分鏡圖。

　　此外，「驚艷部落美聲」子計畫的實施，則是以奧福教學法帶領大學生策畫部落音樂劇劇本，並至部落小學透過生動活潑的歌謠體驗活動，以節奏卡引導學童認識歌謠韻律、教唱部落歌謠，讓學童認識泰雅族的文化，提升文化認同感。在奧福教學法的實施中，大學生與小學生攜手合作，現場創作出兼具說、唱、演的部落音樂劇，演繹結合「射日傳說」與「希利克鳥」之部落音樂劇，藉此培育部落學童音樂創意與歌舞表演之原創力。「部落生態智慧」子計畫的實施，則是融入部落生態於自然體驗活動中，讓大學生帶領學童，透過「食物鏈撕名牌」的遊戲，讓學生於遊戲中認識部落生態環境，進而引導部落兒童探尋族人傳統生態智慧，認識泰雅族與自然生態共生共榮的文化本色。「部落社區美學 DIY」子計畫的實施，則是從松鶴部落的文化脈絡出發，引導部落學童認識部落文化的特色，並結合美學來打造校園的藝術美感，諸如大學生協助部落學童，

用竹條編製山豬、神鳥及部落的傳說——兩顆太陽，再讓孩童們在立體竹編上糊紙上膠，調和顏料，彩繪作品，以美化校園。

　　一系列的 USR 活動，不僅豐富了部落學童的心靈世界，讓他們從各個面向進一步認識部落文化，為自己的文化感到驕傲；也讓這些進行社會實踐工作的大學生們，拓展文化視野，在真實世界的碰撞與磨合中，增長他們的問題解決能力，同時亦在社區服務的歷程中，感受到創造社區、與社區同在的被需要感，進而激發內在的利他精神。

## 大手拉小手，共創部落文化薪傳

　　松鶴部落 USR 計畫的執行，經過第一階段與第二階段的實施歷程後，邁入第三階段：設法解決部落傳統文化逐年流失的危機。此階段除承續先前未完成的工作外，並著重於「以故事創造故事」的模式來運作，此主要是有感於民族或族群的文化流失時，尋訪並保留該民族或族群之傳說與故事，乃是傳承文化資產的方式。

　　故事往往蘊藏豐富的文化與精神於其間，故藉由尋訪故事、創作故事、傳播故事，對於文化的傳承，必能達到薪火相傳的目的。有鑑於此，我於 2019 年起執行教育部教學實踐計畫：「USR 導向之數位繪本創新教學實踐計畫：以問題導向學習法結合接受美學暨奧福教學法推動大學生共創部落文化薪傳」，為點燃大學生對於社會實踐責任精神之發揮，遂將「繪本文學欣賞」課程轉化為以 USR 為導向的課程，創造由校園內走入部落社區的在地實踐。USR 課程設計，除了讓大學生在學習歷程中，接軌真實世界，理解在地文化；也在走進部落時，讓部落學童認識自己的文化底蘊，認同部落文化精神，並活化與再造部落文化。不負期望的，

這些大學生於計畫執行期末，皆產出多本以泰雅部落故事及部落精神為主題的數位繪本，而後我們再將成果分享回部落，落實「推動大學生共創部落文化薪傳」之社會實踐目標。學期末，除了在教室內舉辦期末成果發表會外，亦走出教室，於開放空間舉辦部落文化薪傳成果策展，吸引更多人認識大學生共創部落文化薪傳的社會實踐意義。

　　自 2018 年至今，我多次帶領大學生至松鶴部落博愛國小舉辦活動，如松鶴兒童創意繪本營、松鶴兒童歡樂繪本營、松鶴故事創意列車、松鶴歲暮感恩文創活動等，主要皆在於活絡部落文化，永續部落文化的薪火相傳。

　　2021 年 2 月，我接獲教育部教學實踐計畫辦公室通知，得知

為號召更多大學生投入大學社會實踐之路，我們舉辦部落文化薪傳成果策展及辦理營隊活動，學生產出許多部落故事數位繪本。

我於 2019 ～ 2020 年執行的教學實踐計畫 USR 專案，被評選為績優計畫，這除了是對我一路以來埋首耕耘「教學與社會實踐結合」的鼓勵外，更讓我開心的是，那些帶著熱情的心去回應部落需要的大學生們，也因參與計畫而有了投入社會實踐的方向。

在亞大的這 20 年，學校給予我們教師許多的支持與發展空間，讓我們在教學、研究、輔導之餘，能在校方的鼓勵與支持下，帶領學生從事社會責任實踐計畫。欣逢亞大滿 20 周年，學校希望在教學與社會實踐歷程中持續耕耘的教師，寫下一路以來執行計畫的心路歷程，希望能藉此召喚更多人，投入這條大學社會實踐之路。因此我不揣文筆淺陋，回首來時路，記錄投入 USR 歲月的歷程，並感恩一路上給予我協助的所有人事物。

Promoting health and wellness,
Caring for the disadvantaged

PART 2

幸福不迷網 e世代青少年成長營

健康促進、弱勢照護

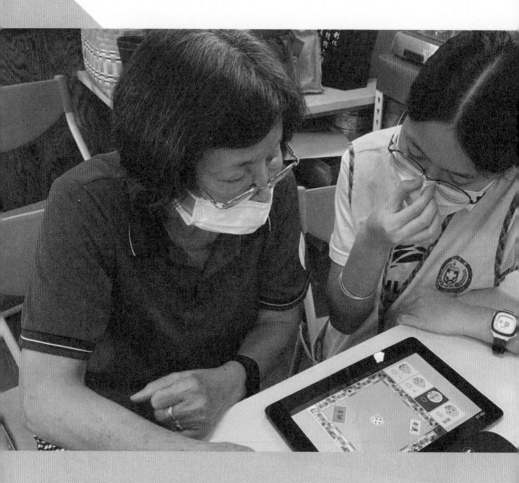

預防社區老人失智！用桌遊激活年長者大腦！

以專業和熱情拉近與社區老人的距離——

開發以工作記憶為基礎之治療性桌遊，適合高齡長輩使用，引導長輩懷舊敘說、回憶過往，同時激活大腦，預防失智。

新冠肺炎疫情爆發，將實體桌遊階段性地開發為數位化、智慧化、遠距化的手遊App，讓居家照護零距離，防疫又兼顧預防失智，永續益智生活！

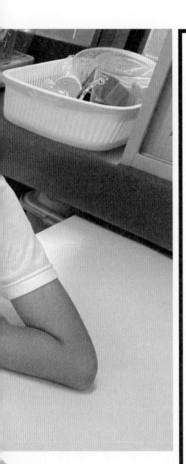

# 如繁星般崛起的 霧峰扛壩子 X

|六|

**聯合國永續發展目標 SDGs**

**作者檔案**

**吳樺姍**

護理學院護理學系

現任亞洲大學護理學院護理學系教授兼院長，研究專長領域為長期照護、失智症照護等範疇，透過教育部推動大學社會責任實踐計畫之機會，帶領學生運用課堂所學知識與技能為霧峰健康創生投入心力。

對老年人的尊敬是自然和正常的，尊敬不僅表現於口頭上，而且應體現於實際中。

—— 戴維‧德克爾

　　我們是一群來自亞洲大學護理學院、醫學暨健康學院和資訊暨電機學院的師生，從 2018 年開始參與亞洲大學社會責任實踐計畫，深耕霧峰各社區關懷據點已達 3 年之久，從大一課程的「霧峰學‧學霧峰」開始，慢慢地堆疊出對霧峰濃厚的情感。霧峰，宛如我們第二個家鄉，一塊充滿無價之寶、樸實無華的土地，位於臺中市偏鄉地區，亟待各方資源投入。我們 USR 團隊中每個人扮演不同角色，每個人均有專屬的位置，有的擔任聯繫人與人情感的螺絲，有的則為帶動 USR 發展的齒輪以及核心鑰匙，彼此之間環環相扣，都是團隊不可或缺的存在，運用自己專業持續地在我們的第二故鄉深切且熱情地付出著，對霧峰在地人而言，我們如同繁星般崛起的扛壩子，關心在地需求，思索未知的領域「X」的解方，而能創造出城鄉更多的可能性與價值。

　　霧峰，平埔族用語稱為「阿罩霧 Ataabu」，居住在這塊土地上的在地人口僅 65,148 人，是臺中市大屯四區人口最少者，幼年及老年人口佔了近 28%，老化指數逐年遞增達 130%，表示霧峰老年人口遠大於幼年人口，當年齡越大，失智症盛行率愈高，霧

峰各里失智長輩亦有逐步增加趨勢。為了使咱ㄟ老大人能在霧峰健康安居、自治自理，「預防及延緩失智」、「友善失智」是亞洲大學與霧峰在地須攜手共同投入之高齡健康促進與長期照護議題。團隊師生跨領域合作，結合亞洲大學附屬醫院及在地產業，實踐第一期「遠離失智創新整合照顧行動計畫（種子型）」及第二期「打造高齡失智友善城鎮計畫（萌芽型）」，以問題／專題導向學習迴圈，推動 30 多門教學創新課程與在地連結，我們一步一腳印深入社區、親身力行，為霧峰健康創生投入心力。

## 用專業、熱情拉近彼此距離

猶記得 3 年前我們剛進入霧峰社區時，長輩還以為我們是來帶領卡拉 OK、做手工藝的，一副興致缺缺的表情，還總是姍姍來遲，甚至長輩帶著防備的眼神詢問我們：「妳們來做什麼？」當下實在備感挫折，但我們並不灰心，機動性調整 2~3 位夥伴為一組，主動出擊，分別向長輩解釋 USR 團隊進入社區的目的，以及能夠幫忙長輩解決哪些問題，帶領長輩體認到預防失智的重要性，長輩們終於慢慢開始轉變態度，我們也從中看到曙光冉冉升起。

現在的我們已經是咱ㄟ霧峰老大人的老厝邊，每每規劃活動，咱ㄟ老大人都會呼朋引伴、提早到活動據點準備，一邊等待一邊還會詢問：「需不需要幫忙？今天是什麼主題活動啊？」甚至學校寒假過年期間，我們返家賀年再回到霧峰關懷據點時，老大人露出熱切、歡喜神情迎接我們的同時，紛紛詢問：「怎麼這麼久沒來看我們啊？」還念叨要常來啊！要常來給阿公阿嬤看一下啊！聽到的當下，瞬間內心充滿溫馨與感動，深深地感受到在地熱情及被需要。

　　在這幾年深耕霧峰的過程中，印象最深刻的是「護智訓練‧掌握記憶」的實踐方案，團隊中的護理學系教師創新設計「老人護理學」課程與在地連結，透過問題導向學習（Problem-based learning， PBL）引導學生分組創意發想，開發以工作記憶為基礎之治療性記憶／懷舊桌遊。課程中必須了解人類記憶系統，以及工作記憶（working memory, WM）（又稱短期記憶）於年紀增長時最先受到影響，進而演變成輕度認知障礙（Mild Cognitive Impairment, MCI），最終確診為失智症；才能設計出以預防及延緩失智為目的、適合高齡長輩使用之桌遊。經過不斷修正及討論後，最終完成桌遊創作成品，並進入到霧峰舊正里、北柳里、吉峰里、五福里等社區關懷據點，我們跟長輩共組代間桌遊團隊，透過桌遊競賽引導長輩懷舊敘說、回憶過往，同時激活大腦，預防失智。

亞大 USR 團隊創意開發記憶／懷舊桌遊，與社區長輩共玩。

## 與在地攜手創造永續益智生活，發揮社會影響力

　　長輩們的回饋讓我們獲得無比的成就感，陳阿嬤說：「老了就很怕失智，擔心萬一失智了還增加兒女負擔，現在我們就知道

要做什麼才能預防失智？這樣的活動應該要多一點對我們才有幫助！」志工林媽媽也說：「之前社區老人都對活動不熱衷，自從你們來了以後，越多長輩喜歡出來活動，除了讓長輩有結交朋友機會，也可以讓家人放心！」81 歲的王阿嬤亦附和說：「我們這一桌都是從隔壁社區來的，聽大家說遊戲很好玩，我們就相揪來這邊玩，越玩就會覺得自己好厲害！像有些活動就是做做手工，感覺沒什麼，這種『開智慧』的活動，應該要多辦一點！」。吉峰里理事長更表示吉峰里地處偏僻，在規劃關懷據點活動心有餘而力不足，長輩們反饋桌遊活動對其很有幫助，期望我們團隊能想想辦法如何永續落實與經營。接收到理事長及長輩的需求後，我們團隊機動性地發想，協助吉峰里自辦「憶起玩學堂」，將吉峰里長輩分為 6~7 組，每組 5~6 人，每組有 1、2 位團隊夥伴及在地志工陪同。剛開始由我們引導長輩操作桌遊，慢慢地我們退居協助者角色，由志工主導桌遊，並將所設計之桌遊捐贈於社區，未來社區志工可自主運作憶起玩學堂，永續益智生活。

經過這 3 年我們與霧峰長輩青銀共玩，使霧峰各里失憶型輕度認知障礙長輩降低 17% ~29%，達預防失智之效，實為當初始料未及，讓我們深深感受到自己所學能對社會有所貢獻，是大學生涯中最值得、最有意義的學習歷程。

## 開發智慧化手遊 App，長輩在家防疫不失智

無奈於 2020 年 2 月新冠肺炎疫情爆發，各社區關懷據點被迫關閉，僅供餐不共餐避免群聚，社區關懷協會理事長反應，防疫在家長輩紛紛表達無法如往常參與據點活動深怕認知功能退化，希望團隊能幫忙協助解決此問題。經團隊討論之後，決定由團隊中的護

理及資工成員跨域專業合作，旋即成立 Line 群組，共組「瘋防治 phone 防智」團隊，於多次會議、工作坊腦力激盪下，Line sound（臺語：來玩）App 就此誕生，隱喻在線上（Line）遠端共玩桌遊，營造遠離失智健康（Sound）的生活，將實體桌遊開發為數位化、智慧化、遠距化的手遊 App。

此 Line sound App 由我們團隊夥伴錄製「臺語」配音，以工作記憶理論為基礎，長輩可適性選擇遊戲難易度、或選擇與家人朋友還是 AI 機器人共玩，並即時記錄長輩遊戲軌跡，利用大數據分析長輩記憶力進步程度。我們拿著親手一步步完成的 Line sound App，陪伴長輩們使用、體驗，看著那些阿公、阿嬤有說有笑地玩著、相互分享討論、看看彼此遊玩歷程的樣子，聯想到自己家中的長輩是否也有如此遠離失智的生活，當下那一刻的感觸頗深；長輩們亦回饋：「這個遊戲很有趣、很新奇，真的有動腦到、思考到！」，此時此刻看著我們共同設計的作品確實能幫助到他人、成功地帶給他人快樂，心裡莫名覺得之前一切的辛苦都是值得的，能夠將我們習得的知識運用在社會上、體現在生活中，可以實際地讓長輩的生活更加美好，實在是一件非常有價值的事情。

亞大 USR 團隊開發防治失智 TEMI 機器人展示聯發科技參賽作品 Line sound（臺語：來玩）App。

　　我們帶著 Line sound App 參加聯發科技第三屆「智在家鄉」數位社會創新競賽,歷經賽事準備、評選入圍、工作坊培訓與決賽近1年的努力,從全國418隊來自NGO組織、科技公司、地方團體、各大專校院資訊相關系所等競爭對手中脫穎而出,奪得「潛力獎」,共獲10萬元獎金,並於頒獎典禮團隊作品展示上獲聯發科技董事長及新聞媒體關注,這對於我們來說,無疑是一項最高肯定!當初只為霧峰長輩在家防疫、避免失智,沒想到運用數位科技解決社會問題的實踐歷程能夠被看見、被肯定,讓我們對於運用自身所學回饋社會越來越有信心。

亞大 USR 團隊獲聯發科技第三屆「智在家鄉」
數位社會創新競賽「潛力獎」!

　　俄國作家奧斯特洛夫斯基曾說:「光陰給我們經驗,讀書給我們知識。」我們走進霧峰在地社區與長輩互動,並透過實地踏查,了解霧峰這塊土地的故事,發揮所學知識為霧峰高齡社會問題尋找解方,親身見證 USR 實踐方案成效,深切感受到「知識的力量」,社會實踐三年多的光陰,也讓我們一步步成長,從炮仗花開到在油麥田裡嬉戲,一轉眼自己已是熟成的香米,現下可以很自信地說:「我們就是阿罩霧防失智的扛壩子!」如繁星般在霧峰崛起、如蒲公英的種子飄揚擴散,生根霧峰,展現亞洲大學社會實踐精神!

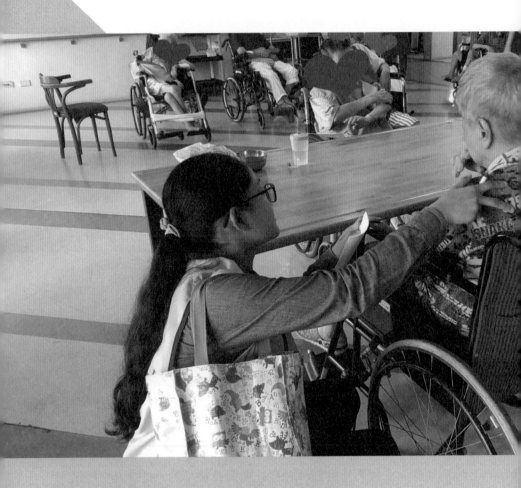

把關懷對象當家人對待，讓他們在面臨困境時有所依賴！

別忽略了那一群沉默的人，往往他們最需要被關懷；只要我們多付出一些關心，
就可以讓他們活得更快樂。

正視受照護者生理、心理、社會與靈性生活品質，給予更多基本人權保障。

讓無家屬的受服務者能在生命晚期，贏得自我尊嚴，在生命最後一哩的路途上，
也能走得安心自足。

# 生命的 最後一哩路 │七│

聯合國永續發展目標 SDGs

作者檔案

**黃松林**
人文社會學院社會工作學系
現任亞洲大學社會工作學系教授兼人文社會學院副院長及系主任，研究專長領域包括老人社會工作等範疇，透過教學引進英國獨立倡導模式，帶領學生對一群在人生最後階段面臨困境，缺乏轉折機會之族群給予關懷，完成生命最後一哩路。

**沈金蘭**
畢業於亞洲大學社會工作學系碩士班，因為理想與熱情，投入對銀髮長者關懷照護的工作中，陪伴這些因為諸多因素而缺少家屬在身邊的長者走完生命的最後一哩路。

**賴昭吟**
通識教育中心
彰化師範大學國文系文學博士，現任亞洲大學通識教育中心副教授兼課外活動與服務學習組組長，研究專長為國語文教學、古文字學，教授「文學賞析」、「報導文學」等課程。

最好的滿足就是給別人以滿足。

──拉布呂耶爾

長期以來，社工系對於弱勢人口群推動各項關懷與服務；秉持關懷社會的理念，以英國老人獨立倡導關懷的服務，發展對老人生命的最後終點關懷，推動倡導關懷人擔任替代家屬的服務，使機構中無家屬之受服務者能夠有更多擬家屬的服務。以下分享三個我們協助無家屬的受服務者能在生命晚期，贏得自我尊嚴，或在生命最後一哩路上，走得安心自足的生命故事。（由於某些情節涉及個案隱私，文字與情節經過修改）

## 苦命人轉角遇見貴人

個案 A 是一個來自海線的長者，眼睛看不見，瘦弱嶙峋的身影總是等在窗邊，好像每天只為了要吃飯而存在。

他總是跟我說，他是一個苦命人。

9 歲那年母親離開他，從此後就一個人過生活。因為身無技能，只能靠打零工，做些打雜工作餬口。經過一段流浪打零工的生活後，終於在一間王爺廟安住下來。也透過里長的介紹，他到廟裡

去打工，每月有 5、6 千元的薪資，還提供三餐，基本上的食宿沒有問題。

然而，屋漏偏逢連夜雨，雖然基本生活沒有問題，但卻在入住機構後騎腳踏車被追撞，導致行動不方便，後來也因為生病的關係，導致雙眼幾乎看不見，讓他變得自怨自艾，覺得生命為何如此不順遂。

我用正向的思考告訴他，其實他一路走來貴人很多。雖然從小失親，但總是會遇到不同的貴人，幫助他度過生命的低潮。里長安排他去宮廟打雜、車禍時被路人發現送醫、醫療費用由公所課長幫忙支付、住在機構有政府幫忙負擔費用。因為更多的時候，很多人是連這些困境都過不去的。

聽了我的話，總是自卑頭低低的他突然抬起頭來望著我，雖然他帶著墨鏡，兩眼無神，眼眶卻充滿淚水。他說：「你那麼遠來看我，我從來都沒有什麼好招待你的，因為看不見，連一杯水都沒辦法請你喝，我真的很過意不去，只能跪著跟你們說謝謝。」說完，他激動地掙扎起身想表達最誠摯的謝意，緩慢地要跪下來。

我看到這邊，趕忙跟著夥伴三人扶起他，一直掉淚，我說：「既然你那麼堅持，那我們一起感謝我們都是彼此生命中的貴人吧。」於是我們三人互相扶持一起跪下來抱著一起掉淚。謝謝上天安排我們能夠碰到彼此，可以聽到對方的故事，吸取更多的人生經驗。

後來他跟我說，他想把自己存的零用金捐出去給更需要的人，還交代了身後事，也聯絡同父異母的弟弟，想向他為早年的衝突道歉。他也想要跟區公所社會課長和曾經幫助過他的人道謝。感謝生命因為有了這些人，他才不再孤單。這個長輩好像是我幫助

了他，但其實他也幫助了我，提醒我：其實我擁有的很多，更應該懂得知足感恩，感謝一路上遇到的貴人。

| 本系系主任前往機構進行老人倡導關懷。

## 因我有愛，我贏了

個案 B 的情況特殊，來自於兒子透過打官司要切斷對他的扶養義務，使他極度想輕生。為了讓個案安心繼續住在機構，在訪視過程，我得知他過去擔任宮廟宮主的經歷。於是勸導他向神明祈求，助他度過難關，使他轉念。

服務過程中發現，只要當天需出庭，個案情緒便會特別激動不安。面臨親生兒女不承認自己是他們的父親這件事對他而言極度殘忍。幾次聊天過程中，與他建立相當的信任度之後，個案才說出背後的緣由。

原來他有一段時間上酒店、販毒、犯罪，那段荒唐不羈的過去，流連聲色場所的放浪人生，將家庭與小孩拋在腦後。直到年老之後才深自反悔，想重新建立親子關係，然而子女已都有自己的生活。

　　為了幫助個案走出陰霾，除了勸導個案反省自己既往的過錯，更需要建立自己與孩子之間的信任感，過程中，身為社工兼志工的我也與個案討論，是否真心想贏回孩子的心？其實只要讓小孩拋棄對自己的扶養義務，每個月不需要再給機構二萬多的養老費用。由於子女收入不多，經濟負擔沉重，這也可能是目前身為父親對他們最合理的關懷。個案聽完沉默了，他突然抬頭堅定的說：「我想我要的可能不是扶養義務的減輕，而是希望子女可以『完全不扶養』他，因為他是一個不及格的父親，也是一個不配當父親的人。」

　　那一天，我再次拜訪他，長輩眼睛發亮，很興奮的跟我說：「我贏了，我贏得這場官司，讓自己的小孩不必再負擔扶養費用。」我想對身為一個父親來說，這是最殘忍的官司，但卻也是他對孩子最終的愛。即便那是一個很矛盾痛苦的過程，卻是充滿悔改及父愛的勝利。

　　就在官司結束後的某個下午，我再前往探望他，他很高興地拿出輪椅後面掛著的餅乾請我吃，說是剛剛兒子帶著孫子來看他給他的禮物，言談舉止之間透露出滿足愉悅的天倫之情。

　　後來，個案把我當成家人，在機構中遇到不少生活上的困難都會向我訴說，我也會提供他解決的方式，他也會聽從我的建議，為自己解決問題。雖然他始終對於我是「被派來的」身分感到懷疑，但是透過不斷的接觸，長輩漸漸的把我當成朋友，我跟他也擁有了跨年紀的友誼。

　　最後一次訪視，我幫他聯繫兒子再來探望他，這個悔改的父親，那種對子女殷切的思念，使我難以忘懷。

## 靈性的關懷，寄語寫相思

個案 C 是公費安置住民、一貫道道友、有十七、八年時間在南非做生意、有一個哥哥、姪子曾訪視過一次。

這是我得到的僅有的資料。

第一次看到個案 C，他坐著輪椅，沉默的表情凸顯出他的憂愁。為了更快速地接近他，我 Google 找尋南非的港口，列出了很多港口的名字，但總是被他一一打槍，或是一問三不知。問他是不是這個，是不是那個，365 行幾乎念了一遍，終於才知道他是做服飾進出口。然而僅此而已。

在一次桌遊活動中，說到基隆這個關鍵字，終於得知他畢業於海洋大學，大學時的初戀女友來自花蓮，甚至還曾經受洗成為基督徒。

｜本系研究生擔任倡導關懷人。

有了這些線索與資訊，讓我欣喜若狂，終於讓服務有了入手處。我上網找了禱告或教會的歌曲，陪他唱聖歌。也因為這樣，他說話的聲音變大了，回應的次數變多了，而且笑容更燦爛了。甚至有一次邀請他幫院內其他人做祝福禱告，他也答應了。

聖誕節前夕，我與個案一起製作聖誕節卡片，他製作的工很巧，卡片很精緻，用色豐富。我好奇地問他要寄給誰？才知道他在南非還有他的妻女，當下建議他，把想念他們的話，寫在卡片上，寄給他們，但他只是默默地微笑，我知道那背後應該有我不懂的故事，就讓它放在個案的心底吧。

再看到他的時候，他的表情告訴我情緒的轉換。他越來越開朗，氣色越來越好。這都是透過真誠的陪伴，讓他找回有人在乎的感覺。後來我們還相約一起和教會到機構唱詩歌，發糖果跟餅乾，他跟著教會的弟兄姊妹唱歌讚美上帝，透過說話、聊天、宗教的療癒，個案走出陰霾，內心不再封閉。

許多時候，我們往往忽略了沉默的那一群人。有些人不說話，但是他需要被關心，就故事中的個案，許多時候，只要我們多付出一些關心，或許就可以讓他們活得更快樂。社工系的服務，服務過程都充滿了溫馨關懷，也提供了受服務個案更為貼近他們需求的協助。在彼此親切的互動中，增強了生理、心理、社會與靈性的生活品質，也對於受服務者的基本人權有更多的保障，這是讓無家屬的受服務者能在生命晚期，仍能贏得自我尊嚴，使他們在人生旅途中，可以安心自足的走向最後終點。

│ 本系研究生也進入身障機構進行倡導關懷服務。

守護不老騎士，為 17 名平均 81 歲的騎士圓夢！

2007 年，17 名的不老騎士展開 13 天 1150 公里的機車遠征之旅。而伴隨在他們旁邊的還有 9 名守護天使，他們是亞洲大學社工系的學生。

從課堂延伸到學校外的公路，13 天的朝夕相處，付出與收穫同樣的更多！

師生努力排除萬難，只為這難能可貴的學習機會。1150 公里的道路即便顛簸、充滿汗水，但老少騎士仍攜手同心，共同完成這趟夢

# 環臺千餘里，
# 守護不老騎士

｜八｜

**聯合國永續發展目標 SDGs**

## 作者檔案

**李美玲**

人文社會學院社會工作學系

現任亞洲大學社會工作學系教授，鼓勵學生透過服務學習或實務課程實地關懷弱勢人口群，也會積極協助學生克服困難，幫助關懷對象達成願望。

## 潤稿

**賴昭吟**

通識教育中心

彰化師範大學國文系文學博士，現任亞洲大學通識教育中心副教授兼課外活動與服務學習組組長，研究專長為國語文教學、古文字學，教授「文學賞析」、「報導文學」等課程。

你絕不會年長到不能再設一個目標或擁有一個新夢想。

—— 路易斯

　　2007 年 11 月秋日的中午時分，位在臺中市南區的健康公園喧
囂熱鬧，廣場上旗幟飄揚的典禮臺已經布置妥當，眾多的人潮聚
集，每個人都興奮地翹首望著廣場一端的大門入口。我因接獲弘道
老人福利基金會的通知，不老騎士歐兜邁環臺經歷 13 天的旅程後，
當天要從苗栗回到臺中，也趕到現場。在望穿秋水的焦灼等待下，
17 名平均 81 歲的騎士，緩速依序地進場，如雷的掌聲爆燃響起，
吸引了眾人的眼光。

｜9 名守護不老騎士的社工系學生在完成任務歸來後欣喜合影。

# 不老騎士的千里長征

　　歡喜迎接不老騎士圓滿達陣的心緒尚未平復，尾隨在後的一群年輕騎士，雖然很少人把眼光投向他們，卻是我內心重要的關注。是的！他們是我們亞洲大學社工系的學生：薛欣欣、陳敏華、張明慧、陳瑋晴、蔡仁傑、卓家瑋、鄒智宇、謝憲政和王歆俞。在騎了 1150 公里的歐兜邁完成使命抵達終點時，皮膚雖然晒黑了些，但個個仍精神奕奕，難掩青春的氣息。

　　在 17 人不老車隊的 13 天環臺旅程中，社工系 9 名學生扮演不老騎士的志願守護天使。陪伴不老騎士的路途上，5 名男生負責前導跟交通指揮，4 個女生則安排在車隊中間，一左一右、一前一後，隨時注意老人的安全。遇到想打瞌睡的爺爺，就上前打招呼提振精神，遇到騎得太開心不小心超速的阿公，就像孫子女般的提醒安危。到了休息站或吃飯時間，還幫忙按摩紓解疲勞，噓寒問暖，逗逗年紀大上自己四倍的老人家，當自己的阿公阿嬤來照料。志工們跟不老騎士經過 13 天的朝夕相處，某種難以言喻的祖孫之情隱然萌生，成了另一種忘年之交，即使活動結束也繼續保持聯繫。

學生志工守護不老騎士環島千餘公里路過花東海岸的一瞥。

　　圓滿達陣的不老騎士在典禮臺上光榮的接受掌聲和喝采，弘道基金會和市政府代表也不忘感謝我們的志工騎士。典禮之後，盼望不老騎士歸來的家人，紛紛急忙簇擁著爺爺奶奶們回家休息。離別在即，不老騎士還不忘來和學生招呼道別。當學生把我介紹給他們所陪伴的老人家時，頓時之間不由得讓我感到驕傲。

　　為什麼是他們？陪伴不老騎士的機會或任務，為什麼會落到他們的頭上？

不老騎士圓滿達陣典禮上，弘道基金會與臺中市府代表不忘感謝陪騎的社工系學生志工。

## 走出教室，從實踐中學習

　　話說有一天弘道老人福利基金會執行長林依瑩突然焦急地打電話給我，提到不老騎士歐兜邁環臺的試騎活動要進行了，還找不到志工，因為出發的時間剛好遇到學校期中考，大學社工系的學生幾乎都不能參加。各大學的行事曆都差不多，亞大社工系也不例外。身為系主任，我思考了一番，認同不老騎士歐兜邁環臺的意義

和創意，真誠的希望鼓勵我們的學生擔任志工，不只是想替主辦單位解決難題，更想讓學生從實際的體驗活動學習和成長。

　　然而面臨和期中考時間衝突的兩難，孰輕孰重？我想到我們從小到大在各階段的求學過程中，要經歷多少考試？包括小考、大考、期中、期末等等。陪伴老騎士歐兜邁環臺活動的服務學習機會，不說千載難逢，至少也是難能可貴。如果能夠替學生解決時間衝突的難題，也許有不少學生會想要參加的。

　　必須承認我似乎常有衝動冒進的傾向，於是在系務會議上和老師討論我的想法。感謝系上老師好夥伴們的正向支持以及坦率建議。系內的課老師同意給參加的同學補考或交報告，至於外系老師的課，由同學自己去與老師交涉，無法解決時再由系主任出面。但是老師們提醒站在保護學生的立場，應了解整個環臺千里又涉及高齡者的將近兩星期的長時間活動，如何規劃以保障高齡者，以及所有人的安全？學生志工要擔任什麼角色？另外，似乎不宜在學生家長不知情下逕自去參與這項志願服務。於是，邀請林依瑩執行長來向老師們說明活動的安排，以及各項安全維護，這讓大家都放心許多。之後，基金會同仁到班上招募，我則向同學說明關於期中考時間衝突的因應辦法。系上也準備了對家長的說明書，有意願的同學都必須得到家長的同意，就這樣守護的志工隊伍就成形了。

　　參加不老騎士守護的志工學生，都是社工系二年級的同學，還沒經歷過實習課程，我還擔心會不會稍嫌稚嫩？正式上路前，參加講習活動，練習如何指揮交通、了解行程以及各種活動細節的注意事項，的確增加他們不少信心。我也提醒志工同學，除了扮演角色完成任務，還應把握機會，將此當作一種行動研究，多加觀察主辦者準備哪些需要的物資與人力，以應付各種需求，例如：行動

的隊伍中，如果長者身體不適或體力不支，如何照顧病者並且不致影響隊伍的士氣？活動連結哪些社會資源網絡，例如：食住、加油及休息等。除了不老騎士環臺圓夢挑戰自己生命的里程碑的壯舉活動本身引人矚目外，主辦者還如何藉機擴大影響鼓舞各地更多的老人？對於追求社會工作生涯的學習者，不啻是絕佳的學習機會。

## 環臺結束，精神永存

不老騎士環臺圓夢在 2007 年的活動立刻激起了全臺各界的矚目，迴響不斷。媒體、廣告、各式宣傳語不斷湧現。「有一天，當你八十歲，還有多少作夢的勇氣？」、「追求夢想時，你會忘記自己幾歲。」、「追夢旅程、明天出發」、「熱血追夢、今天開始」，蔚為一股社會風氣，感染許許多多高齡者甚至中壯年人勇敢追夢。尤其是在不老騎士的長時紀錄片電影推出後，臺灣各地屢屢出現自組的不老騎士團行巡寶島。不可思議的是這股力量甚至隔洋穿梭，感動美國的重機愛好者於 2012 年號召年長重機愛好者來臺，從不老騎士的出發點集結，尋訪阿里山、日月潭、太魯閣等觀光景點。十餘年來至今，弘道老人福利基金會仍持續辦理不老騎士活動，幫助更多老人完成更多的夢。

回想當時，基金會預定於活動隔年即推出不老騎士電影，然而遇上臺灣發生八八水災投入災後重建工作而暫時擱下。直到 2012 年才終於完成拍攝正式發行。為了感謝當年社工系志工的同行，發行之前，特地選擇亞洲大學作為校園巡迴放映的首映地。當天林依瑩執行長、導演華天灝都親自出席，還邀請了兩位不老騎士和當年陪騎的社工系志工參加映後座談，可惜志工們都已畢業離校，在各地就職，只有兩位在臺中工作的校友能來。臺下觀賞的在

校同學看到本校的學長姐也曾在這項開先河的活動中軋了一腳，反應特別地熱烈。看到學生的表情與反應，讓我深深為這項守護不老騎士的志工同學感到驕傲，他們是最能實踐社工系精神的典範，也是亞洲大學學生學習的榜樣。

為全民食品安全把關！亞大從基層教育、輔導業者與科技研發中落實！

協助政府，輔導民間單位改善食安問題──

從協助各縣市政府抽檢，到輔導食品業者、餐旅業者，注意飲水、改善烹煮環境及加強廚工個人衛生習慣等，不遺餘力。

跟上社會潮流，進行食安及 AI 人技術整合，增加國際競爭力──

亞大擁有「檢測晶片」、「溫度管控晶片」關鍵數位技術，並與半導體產業合作開發次世代半導體，未來將更具快速、多功的食品病毒、病原菌檢測，保護國人食品安全，協助國內相關產業升級、提高國際競爭力。

# 食安精銳部隊 ｜九｜

**聯合國永續發展目標 SDGs**

**作者檔案**

**蔣育錚**

醫學暨健康學院食品營養與保健生技學系

現任亞洲大學食品營養與保健生技系特聘教授兼食品安全檢測中心主任,兼具食品安全及生物晶片等專業技能,帶領團隊運用專業能量輔導廠商解決產業問題,帶來極大的食安健康及經濟效益。

**陳正平**

通識教育中心

東海大學中文系文學博士,曾任建國科大專任講師、副教授、靜宜、東海兼任講師。現任亞洲大學通識教育中心專任教授,並擔任國文類召集人。教授「文學賞析」、「文學與生活」、「唐詩趣談」課程。專著有《唐代游藝詩歌研究》、《庚子秋詞研究》、《唐詩趣談》及〈論唐詩在唐代民俗研究之價值〉、〈李商隱詩中的民俗及其意象〉、〈唐代的「踏歌」之風〉……等期刊論文,現在主要致力於唐詩、游藝詩歌、民俗文學、文藝美學等方面之研究。

人應當善於鑑別哪些物品食用有益，哪些物品食用有害。這種智慧，是一味
最好的保健藥。

——培根

───────────────────────────────────────────

嘟……嘟……嘟……！ 電話聲響起，又是個忙碌的接線生
的生活。「老師，請問一下這有毒嗎？」「哩賀，請教一下這個
XXX 能吃嗎？」

「老師哩賀，我吃了那個 OOO，結果肚子痛拉肚子，我還能
繼續吃嗎？」

每天總是會有對食品安全有疑慮的人們，詢問著相關食品安
全與個人健康的問題。近日來，萊豬開放進口臺灣，話筒的另一端
更明顯感受到民眾心理的焦慮、不安、憂慮、與恐慌，民眾對 於
食品安全與健康的問題相當關切，然而在食品安全知識的傳遞上，
卻顯現著明顯的巨大落差。

近來，至 2021 年 6 月底為止，全世界已接近 1.8 億人口感染
新冠肺炎，超過 380 萬人死亡，有 COVID-19 的 2020 年已在人類
歷史上寫下重要的關鍵紀錄，而且，病毒持續地變種與發威，將有
可能造成人類生態史上的另一場生存浩劫，因此，全球人們對於自
身的健康與安全更加惶恐、憂慮、不安。

怎麼吃，要怎麼吃，安全嗎？可以吃嗎？永遠是國人關心的問題，而食安問題除了一般民眾渴望了解相關知識外，更需要多方的溝通與新型科技來解決相關知識，這是一個相當重要而嚴肅的議題。

天氣溫度越低，因為飲食引起的病毒感染，食品中毒的案件就會增加。每年 12 月到隔年 3 月底，是食因性病毒性發威的時候，亞洲大學團隊在食品業者、餐旅業者及社會責任心驅使之下，研究團隊時常上山下海，協助縣市政府抽檢、輔導食品業者、餐廳與飯店業者改善，從臺灣最北邊的基隆到最南邊的墾丁，指導飯店業者、餐旅業者，注意飲水、改善烹煮環境及加強廚工個人衛生習慣，團隊經常當天來回，或連續奔波數天才能能完成檢體收樣及採樣，研究員們苦笑說，「為了國人的健康與生命安全，必須和時間賽跑，才能即時保護國人身體健康與安全。」根據疾病管制署每年發佈的統計資料，每年皆有許多腹瀉群聚事件，其中以諾羅病毒感染、輪狀病毒為主。國內常見的食因性病毒，包括諾羅病毒、星狀病毒、沙波病毒、A 型肝炎病毒、E 型肝炎病毒、腸病毒、輪狀病毒、腺病毒等，透過亞大食安中心所研發及建立的專業技術，可快速且精準的驗出上述相關病因物質為那一種病毒造成，一般來說，疾病管制署著重於病患檢體檢驗，而亞大食安中心則專注於食物、飲水及

| 團隊同仁教導高中職老師進行食品生物技術快篩的相關活動攝影。

餐廳、旅館房間等採樣與檢驗數據分析。

　　由於食品可經由帶有諾羅病毒的食品準備者或處理者所汙染，經常沒有便後洗手的人，或飲用水被汙水汙染也能散播病毒，貝類更可能被汙水汙染，如果民眾以生食或食用未煮熟被汙染的貝類，都可能造成感染症狀。

　　亞大食品安全檢測中心特別提醒飯店及餐飲業者，應該注意食材及食品調理過程之衛生，包括餐飲從業人員手部衛生管理、生食熟食分開處理，避免交叉汙染，貝類水產品熟食才安全，最重要的是，若廚工不幸發病，應暫時停止從事餐飲工作，至症狀解除至少 48 小時後，方可恢復上班，以免汙染食物，民眾如出現嘔吐或腹瀉症狀應儘速就醫，並落實生病不上班、不上課，以降低病毒傳播的風險。

　　衛福部每年都有相關檢驗監控計畫，平時便針對國人易生食之貝類（牡蠣、生蠔）與蔬果（小番茄、紫色高麗菜、蘿美生菜、小黃瓜、豆芽菜等）進行計畫性抽樣檢測，並進行整合性分析，建立臺灣地區完整食品中含有食因性病毒的背景研究資料，再以科學研究證據促成後續政策、食品管理法規研擬、邊境及市場管制需求之參考，如有發現潛在高風險產品給政府單位，降低食媒性疫病發生率，為民眾食用安全提供更有效率的保障。

## 多元複雜的食品安全與社會議題

　　消費者需要依靠政府來確保食品安全，為國人提供安全和優質的食品是高品質治理國家的具體施政關鍵指標。無論政府有多少有限的資源，都必須制定基於食品安全的政策，用以確保食品對國人安全和有益的。食品安全是一個複雜的、多元的社會與國際問

題，食品產業位於農業、健康和貿易政策的交叉點。政府政策應有助於在整個食品供應鏈中實現有效的食品安全系統，包括：生產、收穫、加工、儲存、運輸、貿易、零售和準備（餐館、私人住宅等）。科學家亦需要開發與應用新數位科技解決食品安全的多元跨域及社會議題等問題。

近來，「物聯網」與「區塊鏈」的溯源、防偽數位新技術趨近成熟，讓食品安全的監控、溯源、追蹤、防偽更為容易，因此供應鏈追蹤、溯源成為全球、國際零售業建構食品安全積極嘗試的推動工作。美國連鎖零售量販店沃爾瑪（Walmart）近來和 IBM 合作一個試驗性專案，將食品溯源的需求架構在區塊鏈（blockchain）技術上。在測試時，輸入商品代碼，在兩秒鐘左右，即跑出完整的產品追溯履歷，讓「找出芒果來自哪裡」從原本的 6 天 18 小時縮短至 2 秒。假想，食品如果真的受沙門氏菌汙染，2 秒和 6 天的差距對食品安全與經濟的影響有多大。Walmart 食品安全副總裁 Frank Yiannas 估計，每降低食品風險 1%，可以避免 7000 億美元的經濟損失。根據統計全球每年有十分之一的人，因食物汙染感染不同疾病，其中更有 42 萬人因此致死。家樂福（Carrefour）CEO Alexandre Bompard 更希望藉由運用「區塊鏈」技術，提供消費者更安全的食品，以吸引更多重視食安消費者成為家樂福的顧客。在臺灣「區塊鏈」新創公司奧丁丁，也發表了「區塊鏈」系統，並陸續推出許多「區塊鏈」應用服務。

## 亞洲大學開發中的新興科技

近來亞洲大學食安中心，為了符合產業需求與社會潮流，進行食品安全及 AI 人工智慧技術跨領域技術整合，與國際知名教授

及其團隊合作開發出無線傳能溫度感測晶片與微流體晶片技術，除獲得科技部跨領域計畫補助，並開發出食品溯源追蹤技術、溫度感控方法及「溫度管控晶片」技術，跨領域成果已連續獲得多項國家新創獎與國家新創精進獎榮譽。

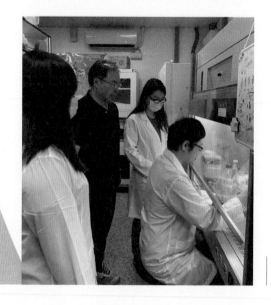

蔣育錚老師訓練學生進行食品安全相關實驗與數據判讀。

　　亞洲大學擁有「檢測晶片」、「溫度管控晶片」兩項關鍵數位技術，近來更與半導體相關產業合作，協助開發次世代半導體「檢測晶片」工作，此次世代檢測晶片具快速、多功、免標誌、且可同時檢測核酸與抗體／抗原之優點，將可利用新興病毒、傳染病、食品病毒、病原菌快速檢測。至於「溫度管控晶片」，將與國內知名食品餐飲業者合作，進行食品安全及冷鏈管理自動化技術的開發工作，有助國內食品安全與管理。相關高科技技術除提供學生學

習、見習、工作外，在未來，相關技術的數位化整合，將開發成可提供產、官、學使用的食品安全供應鏈監控管理自動化之介面或系統，以半導體技術、新興數位科技，結合食品生物技術，開發可保護國人食品安全與健康方法，協助國內相關產業升級、創造經濟價值，提高國際競爭力。

| 蔣育錚老師與食安中心新創獎團隊合影。

縮短城鄉醫療差距，發展遠距醫療，讓距離不再成為就醫障礙！
讓偏鄉病患也能接受醫學中心品質的診斷──
藉由智慧健康檢視系統，提供醫生日常身體數據，讓診療更精確；完善跨院數據
系統，免於病患舟車轉院之苦。
結合大數據、人工智能與區塊鏈技術讓醫生診斷更精準──
用數據與新興科技輔助醫生做更精準的判斷，協助偏鄉醫生能透過大數據與遠端
系統，判斷各種疑難雜症，進而提升患者的醫療品質，延長壽命。

# 發展遠距醫療，｜十｜能讓更多人少走冤枉路

**聯合國永續發展目標 SDGs**

**作者檔案**

**蔡淵裕**

資訊電機學院行動商務與多媒體應用學系

現任亞洲大學行動商務與多媒體應用學系副教授，曾參與多件科技部補助之專案整合型研究計畫，目前與校內外多位專家學者整合大數據、人工智慧與區塊鏈等最新科技致力於遠距醫療議題之研究，以輔助醫生做更精準的判斷，提供更完善的醫療服務，只為實現「多讓一個病人開心地笑！」的初衷。

**陳峻誌**

通識教育中心

中興大學中文系文學博士，現任亞洲大學通識中心專案助理教授，開設文學與生活等課程，深耕文史，文學造詣深厚，喜好觀察，認為文學自在生活中，無事不可以書寫，任何小事透過有趣的心思就能成為好的文學作品；尤好民間信仰，為太歲信仰研究專家。多年來引導學生認識霧峰、探查鄉土，成績斐然，並協助多位教師共同編撰文稿，樂於運用專長服務學校、奉獻社會。著有現代詩集《我也》。

> 健康是人的第一幸福，第二是溫存的秉性，第三是正道得來的財產，第四是
> 與朋友分享快樂。
>
> ── 羅・赫里克

沒想到張大哥真的走了。張大哥是幾家工廠的老闆，為人豪爽開朗，身價非凡。出入開名車，講話霸氣，自恃甚高。然而生病後，身體每況愈下，明顯看得出來不如之前的意氣風發。我剛認識他的時候，張大哥還能自行開車走路進來，後來變成坐計程車走路進來，再後來有家人陪同。再後來，笑容從他臉上逐漸消失，堆上了愁容。更後來，我就沒再見過他，從師傅那邊聽說，他走了。他是長年的血液透析治療者，也就是俗稱的洗腎患者，十多年的煎熬，一方面服用大量高額的保健食品，支撐著血液透析療程中蛋白質的流失，一方面嘗試腳底按摩想要改善代謝循環、增強免疫力。最終還是走了。

## 城鄉差距，形成看診障礙

我自己會去腳底按摩，是因為腦瘤。自覺開刀切除的風險過高，且醫生說能藥物控制，心中至少放下了一顆大石頭。可是一輩子都必須依靠藥物了，不得不尋求民俗療法。從友人那邊聽說了

許多腳底按摩療程令人驚喜的案例，例如原本需使用輔助工具走路的老爺爺，經過幾次療程後能慢慢自行走路。還有年輕師傅勇猛如虎、白白胖胖的兒子，也都是從小就接受爸爸腳底穴位的刺激，長得比同年的小朋友高壯。當然也有一些藉由腳底按摩延續生命的案例，於是讓我決定一試，並心甘情願的定期付錢報到。

然而張大哥的離開，很讓我震撼，除了腎臟病的不可逆性，更不得不重新思考：到底什麼樣的醫療才是真的對病患好呢？

我的腦瘤確診，也來得很意外。

幾年前開車時，覺得路上交通標誌看不清楚，重新驗光、換了新眼鏡後也無改善，便在指導教授的建議下，到大里的眼科名醫就診。當天進行各項檢查後，醫生覺得是白內障，開了眼藥水後便離去。後續覺得應該參考不同建議，便改去醫學中心，醫生仍判定應該是白內障，但還沒到需要動手術的時機，便囑咐定期回診拿眼藥水即可。

又過了一段時間，覺得情況並無改善，我心裡也始終懷疑不是白內障，因此與太太討論過後，決定直接轉戰臺大醫療體系。但一來臺大路程遙遠，二來很難掛號，因此曾想過請黃牛代為掛號。後來發現有些醫生會至分院駐診，便開始了臺中⟷臺北的奔波之旅。

很多人有一種經驗，就是到了大醫院，反而不知道該掛哪一科？幸好我的症狀明確，直接開啟眼科的掛號系統。這才發現，臺大醫院不愧是國內醫療的殿堂，醫生陣容十足龐大，完全不知該掛哪一位醫生才好？在沒有專家指引的情況下，好不容易搜尋到專長中有白內障的年輕醫師，掛了診。

當天一早與太太搭乘高鐵千山萬水到了臺北，再轉計程車到醫院，發現已經許多病患排隊拿號碼牌。原來為了節省看診時間，病患須先行報到，由護士發放號碼牌點散瞳劑後，等待醫生看診，因此與網路掛號的順序是不同的，於是我在回程的高鐵上，默默刪除了候診 App。又多等了好久，終於輪到我了。

一進診間醫生就例行公事般酷酷地幫我檢查眼睛，並直接確診是白內障。但是她不動手術，所以要手術得找另外一個醫師。

既然白內障的專科醫生如此鐵口直斷地說了，心中大石頭總算可以放下！

為了擺脫對眼藥水的依賴，我們決定動手術。有了上一次掛號的經驗，便提早一天上臺北，用飯店錢換來較前面的順位，以更平靜的心情面對新的醫生。

第二位醫生是何醫師，他耐心聽完我的就診經驗與病情後，安排了許多之前沒做過的檢查，並做出完全超乎預期的診斷：

「你這不是白內障是視野缺損，你不是要看眼科，應該要看神經科。」

醫生短短的一句話，讓我跟我太太傻在那邊，原來這半年多來看了那麼多醫生，檢查都是錯誤的！幸好沒有一位醫生願意動手術。

診間護士幫我查詢可看診的醫師後，發現當天下午即可轉診神經內科，但也因此打壞原本下午回家照顧小孩的計畫，便急忙聯絡父母親協助照顧。這時的心裡真的像人家說的那樣七上八下，到

底該期盼眼科群醫錯誤，還是神經內科的新診斷呢？

口如嚼蠟般吃完午餐，到了神經內科。醫生在做了一些物理性的檢查後，覺得不是他的科別可以處理的，便幫我掛了臺大本院神經外科，並安排電腦斷層檢查。然而，醫院電腦斷層掃描已經都排到三個月後了，這代表至少要三個月才能進行檢查，檢查後還得等一個禮拜才能回診。這一來一往，除了金錢與時間的花費，心理的負擔也難以承受。所幸太太打電話至檢驗部查詢時，剛好有病患更改時間，一個禮拜後便可做斷層掃描，大大鬆了一口氣，也體會到醫療資源的嚴重缺乏。

於是我們繞了一大圈，最終還是來到臺大本院，準備聆聽醫生的宣判。一進去醫生直接說明病因：腦瘤。

不是吧？不是白內障嗎？本來以為新的診斷會帶來希望，怎麼會是腦瘤？再怎麼樣都好，腦瘤！？整個心情沉重如同被宣判了死刑。以前發生的美好事物，父母、太太及可愛的小孩各種畫面從腦袋裡閃過。啊！原來這就是人家說的人生跑馬燈。我苦笑了一下，覺得腦袋輕飄飄的，應該在做夢吧？

醫生看到我整個人傻愣，笑著仔細地說明我的病情，是因為腦下垂體的內分泌荷爾蒙異常，形成小型腺體腫塊壓迫視神經，導致視力模糊。

「你有兩個選擇，開刀或吃藥控制。」醫生如此說。

一聽到「吃藥控制」四個字，我的人生似乎又有了希望，眼淚差點落了下來。權衡之下，腦袋剛跑過一陣人生跑馬燈的我，決定先試試看藥物控制。

得病之後，我不斷自我反省，為何會長腫瘤？家裡從事中藥材買賣，自幼父母親就經常燉煮各種補品，父親也時常至港口購買漁船返航的第一批海鮮幫我進補，會不會是飲食造成的呢？我不知道，醫生說這與飲食無關，但為何我會長腫瘤，卻也無法給我解答。母親甚至跑去問乩童，說得玄之又玄，不明所以。我自己則依舊困惑著，一方面擔心三餐老是在外會不會導致惡化？另一方面太太顧慮我的健康而成天叮嚀，自己又害怕如果我真的走了，父母怎麼辦？太太怎麼辦？孩子怎麼辦？心神不寧久了，耐不住就容易爭吵，吵完就更加憂慮。不過之後回想，都是自己對身體健康的不注意，不但害了自己也害了依靠著自己的家人，寫到這邊，真的該注意一下身體了……

## 發展遠距醫療，讓就醫更有效率

不斷轉診的心情是忐忑不安的，三年後的今天，雖然我已經能笑著訴說這段曲折的看病歷程，但至今仍需定期北上回診，為了回診必須排開課程，對其他老師造成不便，很過意不去；並且時間與金錢的耗費累積起來，算上我自己與太太的請假，其實很驚人。除此之外，還時不時擔心今天頭突然昏沉是不是發作了？擔心下次如果換了醫生，會不會又在不了解我身體的情況下，做了錯誤診斷？有時候還會想，依照每位醫生豐富的經驗，應該都可以立即診斷我的病因才對，是不是有一些他們看不到的地方讓他們無法立即下定論？是不是哪一個環節需要改善？

因此當有機會進行遠距醫療議題相關研究時，真像是上天給我的使命一般，如果當初有智慧健康檢視系統，我是不是可以提供醫生們我的日常身體數據，讓他們更好做出正確診斷？如果早一點

有跨院的數據系統，我是不是不必在大大小小醫院之間不斷轉診？
如果醫生們能共享訊息，我是不是能更早一點診斷出腦瘤？

亞洲大學蔡進發校長（中），趨勢科技洪偉淦總經理（左），遠傳曾詩淵副總經理（右）簽訂 MOU
共同打造 5G 智慧醫療網。

｜計畫參與學生合影。

　　如果我的專長能夠為民眾帶來幫助，我自當義不容辭呀！這時我又想起了張大哥。腦瘤聽起來很恐怖，但罹患的病患總數畢竟不似腎臟病那麼多。臺灣作為洗腎王國，如果我的專長能夠在這一塊做出奉獻，何樂不為呢？說不定能讓偏鄉病患接受到醫學中心品質的診斷？說不定能多讓幾個病患免去洗腎之苦，或者提升透析病患的生活品質，減少其併發症以降低醫療支出。更希望提早以貼身智能介入腎病預防與延緩腎病進展末期腎衰竭，真正完成控制末期腎病發生率之最後一哩路。

更擴展出去，藉由團隊成員所開發出來結合醫療大數據、人工智能與區塊鏈技術所架構之臨床腎病照護平臺，能發現到醫生所看不到的地方，輔助醫生做更精準的判斷，並協助偏鄉醫生能透過大數據與遠端系統，先行判斷各種疑難雜症，進而提升患者的醫療品質，延長壽命。

　　我走過的荊途，不希望別人也重蹈。「多讓一個病人開心地笑！」這就是我加入遠距醫療計畫的初衷與使命。

| 透過鏡面系統量測個人生理數據示意圖。

兒福聯盟呼籲數位童年四大危機：3C 低齡化、保姆化、沉迷化、親職空虛化；
24.3%青少年家長煩惱孩子沉迷 3C 產品但難以管教！怎麼解？

亞大師生團隊開發健康上網課程、家長教養六大守則、戒癮團體、無網路營
隊活動及提升自控力 App 方案，成功降低青少年網路／手機成癮風險，活出
「高四感」（歸屬感、愉快感、成就感及價值意義）。

首創 8 天 7 夜無網路／手機營隊；青少年「活下來了，而且活得快樂、活得
有成就感」「不再用玩遊戲來趨樂避苦、面對壓力」「找出負向思考炸彈，
轉念寬心，更懂得調適心情，走出迷網」。

首創自控力 App，引導健康自律用 3C，結合 AI 同步篩檢程式，可即時偵測
且引導自控而降低大學生手機成癮。

# 青少年迷網？家長的痛，孩子的惑？怎麼解？

|十一|

聯合國永續發展目標 SDGs

作者檔案

**柯慧貞**

醫學暨健康學院心理學系

現任亞洲大學心理學系講座教授兼副校長、網路成癮防治中心、教學資源與教師專業發展中心及社會責任發展與實踐中心主任；長期致力於憂鬱自殺和行為成癮的評估及有效干預之理論與應用，曾獲頒傑出教學獎、國科會傑出研究獎、優秀教育人員木鐸獎、教育部青少年輔導特殊貢獻獎及行政院反毒有功人士獎。曾任美國耶魯大學訪問教授、成大學務長、臺灣心理學會、臺灣臨床心理學會及臺灣網癮防治學會理事長。生命體驗是感恩生命經驗，擁抱生活困難；歡喜承受，在忙得快樂，累得歡喜中，實踐對社會人類福祉有用的夢想。

「需要的不多，想要的太多」

———聖嚴法師

無條件給予孩子需要的愛與自尊，
有條件限制孩子過多的上網渴求是幸福不迷網教養要領。

　　王媽媽紅著眼眶、嘴唇微顫，激動地說：「自從打電動後，小偉就變了一個人，說謊、蹺課去網咖、半夜不睡覺打電動、上課遲到、成績直直落⋯⋯，講不聽、不理我，把電腦拔線後，他大發脾氣，甚至要打他爸爸⋯⋯」

　　兩手撐住頭，抓著頭髮，小偉露出沮喪無助的眼神說：「我知道自己玩電動玩太兇了，對不起爸爸媽媽，可是我就是控制不住自己，心裡老是想著遊戲，不玩遊戲，我也念不下書、心情煩躁⋯⋯」

　　像王媽媽這樣擔憂孩子沈迷電動卻又束手無策，如小偉般明知不該愛卻迷戀，玩電動到難以自拔的孩子有多少？為何沉迷？誰協助？如何協助他們？　2012 年 7 月 24 日，亞洲大學結合中國醫大成立了全國第一個「網癮防治中心」；承擔起健康上網不上癮和網癮防治的研發、教學、服務及社會倡導的社會責任。

2013 年全國第一個「網癮防治中心」——中亞聯大網癮防治中心，在教育部常務次長陳德華（中）、衛生署醫事處副處長王宗曦（右三）、臺中市副市長蔡炳坤（右二）、亞洲大學創辦人蔡長海（左三）、中國醫藥大學校長黃榮村（右一）、亞洲大學校長蔡進發（左二）、副校長柯慧貞（左一）等人見證下揭牌。

## 網路成癮？多少青少年的惑和家長的痛？

　　科技發展帶來創新，也帶來風險？ 資通訊是 20 世紀最亮眼的產業，發展出 4C 產品。21 世紀初，智慧型手機則把 4C 產品整合於一身，賈伯斯提升 4C 產品使用便利性與普及性，造成資通訊產業翻天覆地革命。未來進一步跨領域整合物理、數字、生物科技及所有學科，更將帶動了第 4 次工業革命，物聯網、機器人、無人汽車等，重新改寫人類文明。然而，科技快速發展的同時，網路成癮、遊戲成癮、手機成癮風險增加了，甚至成為 21「新」（心）病。面對這些世紀新（心）病，需要有人投入去探索了解，並提出解決方案，這就是我們的社會責任。

　　多少青少年正迷戀於網路世界中，難以自拔？ 2014-5 年團隊曾受教育部委託進行 10 ～ 18 歲青少年網路使用行為調查，使用參考美國精神疾病診斷手冊第五版（DSM-V；APA，2013） 研究附

錄 9 項網路遊戲成癮診斷準則所編製的問卷施測，發現不論是廣泛類型網路成癮或特殊類型，如遊戲成癮或 Facebook 成癮等，國小 4 ～ 6 年級階段的高關懷群盛行率大約都落在 4 ～ 7%，但上了國中後急遽升高至 10 ～ 14%；隨著智慧型手機擁有率的低齡化，手機成癮高關懷群盛行率高達 14 ～ 18%。

多少家長正為孩子的迷網心力交瘁、束手無策？ 2018 年亞大團隊進行另一項青少年家長的教養困擾調查，結果指出 41.7% 家長擔心孩子上網受騙、被霸凌，39.2% 擔心孩子視力和身體變差，32.8% 擔心孩子玩 3C 產品導致功課退步、32.2% 擔心孩子看色情、暴力影片和遊戲，24.3% 煩惱孩子沉迷 3C 產品但難以管教；其中，23.1% 家長反映不給 3C 孩子發脾氣、1.2% 不給 3C 孩子自殘、1.2% 離家等；調查結果顯現家長在青少年 3C 產品使用教養上的擔心和困擾。看到這些數據，了解家長這麼多的困擾，更讓我們從他們的需求中看到自己的社會責任。

## 小偉玩電動上癮了嗎？

網癮防治中心協助很多親子困擾，團隊深入了解很多青少年的惑和家長的痛；也陸續開發健康上網不上癮數位教材，製作可供個案辨識與輔導技巧培訓用之案例故事微電影。以下分享小偉在快樂與成就的虛擬電玩世界、學業挫折和父母失望的現實世界中，他如何衝突迷惘？在想少玩、卻又大玩的痛苦、懊惱中，他如何掙扎⋯⋯？？

小偉在國一時，放學後常跟同學去打球，但某一天因為天氣不好，同學們改去網咖玩；小偉抱著好奇心去了網咖和同學一起玩遊戲，小偉體驗到團隊的歸屬感、組隊挑戰的興奮感，更因過關

升級而很有成就感，也加入了公會，認識了許多盟友之後，小偉為了能繼續遊戲升級和盟友情感，自己就常去網咖；常常一玩就忘記了時間。由於遊戲常舉辦特殊活動，小偉覺得不參加就會輸別人很多，因此常騙媽媽說學校補課，或從補習班蹺課，卻偷偷跑去網咖玩。小偉也因而升級比別人快，常打到很好的寶物。然而，有一次回家後，媽媽聞到小偉身上有菸味，經一再詢問後知道小偉說謊騙她，媽媽非常生氣，往後嚴厲地監控小偉的課後及假日時間。

小偉為了繼續和盟友組隊打怪練功，常在半夜偷偷爬起來用家中的電腦玩遊戲。漸漸地，小偉經常上課遲到，也常在上課時打瞌睡。而在段考前，小偉壓力大，認為書念不完，準備來不及了，會被當掉，愈想愈煩，就愈想打電玩紓壓，但他常只是想打一場紓壓，卻打到半夜。小偉成績越來越退步，老師和父母的指責也日益增高；小偉也就更需要打電玩紓壓，用遊戲升級的成就感和盟友的肯定來彌補破碎的自尊。於是，小偉常留在網路遊戲世界，逃避面對現實。小偉漸漸地很少外出，和學校的同學、從前的朋友都變得疏離，生活重心完全在遊戲中。

後來，小偉想玩遊戲的渴望越來越高，而每次打遊戲時，都會有無法停下來的失控感，常常已經玩到半夜三、四點了仍無法停止。他常以身體不適等理由不上學，待在家裡打遊戲，假日幾乎足不出戶玩遊戲。父母對於小偉成績退步和沉迷電玩感到非常生氣，常常指責小偉，家庭氣氛很差，小偉也就更少與家人互動。爸媽認為小偉講不聽、不理不睬，故曾把電腦拔線，小偉憤而搶回電腦線，爭執中甚至要打爸爸。

成績愈來愈差，面對國三要模擬考、會考，小偉很擔心，想到父母的失望，小偉知道自己玩電動玩太兇了，對不起爸爸媽媽，

也曾經試著想要戒掉遊戲,然而,就是控制不住自己,每每想只玩一場,卻又玩到半夜,失控的經驗使小偉失去自信,也放棄改變。小偉心裡老是想著遊戲,不玩遊戲,也念不下書、心情煩躁; 沒有了遊戲,小偉更是渾身不對勁,只好又重回遊戲的懷抱。

## 網路成癮是什麼?玩網路遊戲也會上癮嗎?

近 20 年來,學者不斷在問一個問題,上網玩遊戲,又不似抽菸、喝酒、吸毒,涉及化學物質對腦部的作用,也會上癮嗎?

過去學者和研究已指出科技產品的過度使用也會上癮,如廣泛性網路成癮、遊戲成癮、網路社群、通訊軟體、網路購物或賭博及網路性活動成癮、智慧型手機成癮等。

上癮可從三面向評估:小偉心裡老是想著遊戲、當有壓力時更想逃避到遊戲世界、雖然週遭人告誡、自己也知道玩遊戲的壞處,但還是無法少玩(不該愛卻迷戀、失控);越來越想玩遊戲、不玩遊戲,也唸不書、心情煩躁;沒有了遊戲,小偉渾身不對勁(耐受、戒斷); 小偉的過度沈迷遊也使健康、學業、工作及人際關係等功能損傷。依美國心理疾病診斷手冊( DSM-V ) 研究附錄中所建議的 9 項網路遊戲疾患診斷準則,若過去一年中常出現 5 項或 5 項以上的行為,則可能有網路遊戲成癮的風險。

## 案例分析:小偉如何發展出網路成癮?

從小偉的案例故事,您看出小偉的成癮風險發展歷程了嗎?

首先是「環境因素催化過度使用 3C」:

# 網路遊戲疾患

**Q：過去一年內常常有這些情形？**

是 否

| 過度使用功能損傷 | ・花費過多的時間，曾向家人師長隱瞞真正上網的時間 | ☐ ☐ |
| --- | --- | --- |
| | ・因為過度玩網路遊戲而影響健康、學業、工作及和家人朋友的關係 | ☐ ☐ |
| | ・為了玩網路遊戲犧牲家人朋友的相處、讀書及過去喜愛的活動 | ☐ ☐ |
| 不該愛卻迷戀失控 | ・即使沒有玩網路遊戲也在想著網路遊戲的事情 | ☐ ☐ |
| | ・雖然有人告訴他/她應該減少玩網路遊戲，但他/她仍然無法減少 | ☐ ☐ |
| | ・明知道玩網路遊戲已帶來許多壞處，但他/她還是無法減少時間 | ☐ ☐ |
| | ・用玩網路遊戲來忘憂解愁、暫時忘掉壓力 | ☐ ☐ |
| 耐受性、戒斷反應 | ・需要花更多時間玩網路遊戲才能感到滿足 | ☐ ☐ |
| | ・不能玩網路遊戲時，會坐立不安、發脾氣、心情不穩定、緊張或沮喪 | ☐ ☐ |

資料來源：亞洲大學心理所臨床心理組柯慧貞教授研究室

| DSM-V 研究附錄 9 項網路遊戲疾患診斷準則。

　　小偉因朋友相邀（同儕壓力）到網咖玩遊戲；青少年常因好奇、想有大家一起玩的歸屬感而上線玩，但因家長無適當規範和有效溝通，對於青少年每天玩多久、哪個時段可玩或不能玩、那些遊戲內容不適齡不能玩，沒有有效的管教，青少年愈玩愈多。

　　團隊 2015 年的全國調查曾發現，家長對 3C 產品使用的管教方式和青少年成癮率有關。父母如果採用「忽略」（不關心、不訂規範）、「溺愛」（關心但無規範）方式，青少年的 3C 產品成癮率較高；但若父母採用「民主紀律式管教」（關心分享也訂規範），了解青少年玩 3C 的需求，並與青少年溝通訂定上網人事時地物的規範，則青少年較不易上癮。調查也指出，房間擺放電腦、睡覺時手機擺在床邊、手機採用上網吃到飽方案也增加青少年成癮風險。

其次，「網路世界玩 3C 的經驗正負增強了 3C 的過度使用」：

小偉常從交到朋友、組團隊、遊戲升級得到歸屬感、愉快感、成就感，也因此逐漸沉迷，每日上網時數過高。

由於玩 3C 可使現實中的壓力得到暫時抒壓（負增強），又得到生活中得不到的愉快感、歸屬感、成就感和意義感（正增強）；故青少年養成上網可以解禁慾望、成就自尊、忘憂解愁、消除寂寞的信念與習慣，而現實生活中成績退步、身體變差、和家人關係疏離、週遭師長不斷指責的壓力，更加強青少年依賴網路遊戲世界，逃避面對現實。但也因此作息不正常、身體變差、成績落後、師長指責等，愈來愈多的現實壓力，他更逃避到遊戲世界中。

最後，「明知過度使用，想要減少，但耐受、戒斷使無法自拔」：

後來，小偉對遊戲的渴望愈來愈強，常無法自控；曾經想要不要玩線上遊戲，但就是控制不住自己，失控的經驗使小偉失去自信；而不玩遊戲，也出現煩躁不安的戒斷症候群，只好又玩。

過度使用 3C 後，可能使行為克制、情緒調控及酬賞滿足等腦功能弱化，而青少年產生耐受性，需玩更多、更刺激活動，才感到滿足；也在不能上網或沒有 3C 時，出現戒斷症候群，變得煩躁不安、沮喪、心情不穩定；只好又想盡辦法拿到 3C 玩。而失控的經驗使青少年失去自信，也放棄改變。

## 3C 當保姆？數位新教養六原則 改善數位童年四危機

兒童福利聯盟文教基金會在 2012 年兒童使用 3C 產品現況調

查報告中提出數位童年四危機的呼籲，包括： 3C 低齡化：67.3%
孩子在學齡前已在使用 3C 產品；3C 保姆化：60.6%的父母出門準
備 3C 產品做為保姆；3C 沉迷化：63.1%孩子在不能使用 3C 產品
時吵鬧不休；3C 親職空虛化：68.5%家長在孩子使用 3C 產品時未
陪伴督導。突顯出推動數位教養的重要性，成為團隊致力重點。

根據成癮成因分析，我提出家庭教育的數位新教養六原則，
團隊製做教養卡發送，拍攝網路宣導短片，也和教育部、多個縣市
的教育局、家庭教育中心及學校等合作辦理研習，培養種子老師和
家長，推廣數位新教養，亦即：

一聽：傾聽了解孩子玩 3C 的需求；

二規：舉實例和孩子討論，健康用或過度使用 3C 產品對身心
健康、學習、人際關係等的好壞處，進而家庭中規範 3C 健康用原
則；

三動動：為避免視力傷害與久坐相關健康傷害，宜力行 30 分
鐘起來動一動的好習慣；

四感：青少年沉迷 3C，因為玩 3C 易得到高四感（歸屬感、
愉快感、成就感及意義感）； 高四感是基本心理需求，在現實生
活得不到，易轉而從玩 3C 得到。故父母需協助安排非網路替代性
活動找回高四感 ；切忌切斷網路、拿掉 3C，孩子易因而沮喪、憤
怒，甚至自傷或傷害父母；

五慣：利用二規與六讚，針對人事時地物重點養成玩 3C 的習
慣；

六讚讚：善加利用讚美與獎勵原則，培養孩子 3C 健康用的自
制力； 獎勵孩子逐步減少玩或從事其他非 3C 活動。

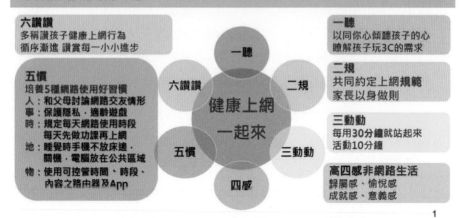

數位新教養六原則教養卡。

## 往下紮根？首創「聰明用四電」課程 小二學童健康上網

　　團隊也曾在國健署委辦計畫下，針對小學二年級的學童首創「聰明用四電」課程，並且，在臺南市進行課程實驗，並評估對於提升健康上網、降低網路過度使用的學習成效。當時，賴清德副總統擔任臺南市市長，為執行計劃我特別邀請賴市長協助。他是非常重視專業的市長，他請我到市長室進行計劃簡報，還邀請鄭邦鎮教育局長和一些中心學校校長一起討論計劃內容。賴市長請大家協助這個教學實驗計劃，他提到他所接受的醫學教育非常重視實證成效，他認為各種教育方法和課程方案的實施，也須探討學習成效；如果「聰明用四電」課程方案有好的成效，就可做為推廣的依據。

課程設計首先是教導何謂聰明用四電，比較聰明用四電和不聰明用四電的好壞處； 其次學習辨識在什麼誘惑情況下容易「不聰明用」；接著再教他們在誘惑情況下如何因應，如無聊想用、挫敗下想用、心情壓力大想用時可有的替代行為。在課程實施前後及一學期後追蹤施測，發現「聰明用四電」課程實驗學校和對照學校（單純宣導而未進行「聰明用四電」課程） 在四電健康用的改善率上達顯著差異的，實驗學校學生在平日每天使用網路高於一小時比例上，顯著地下降且比對照學校下降地多； 至於在假日使用網路高於兩小時的比例上，實驗學校也下降且比對照學校下降地多。

這課程方案完成且證實成效顯著後，臺南市教育局也辦理各校種子老師培訓，進一步推廣方案。也促成了第一個縣市網癮防治中心的成立，臺南市成立了第一個縣市網路成癮防制中心。

## 走出網路遊戲沈迷怎麼做？首創戒癮團體方案七成五改善

團隊也在科技部計畫經費補助下，經過篩檢找出青少年網路遊戲成癮高風險群，進行為期 6 週、每週 2 小時的認知行為團體方案，內容包含團體討論什麼是聰明與不聰明上網，其次學習了解自己不聰明上網時的誘惑情境，如無聊、挫敗、壓力／負面情緒、渴望、邀約等，並學習如何因應這些誘惑情境； 情緒和慾望的調控是重要的演練項目； 經過 6 週團體介入後，在後測和 8 個月後追蹤測量上指出，認知行為團體方案組達 75.6％改善率；線上遊戲成癮得分，比起一般輔導對照組的下降程度更大。往後，透過上百場培訓研習活動推廣團體方案。

## 無 3C 也幸福？首創青少年戒網癮無網路住宿營隊

由於青少年透過 3C，得到現實缺乏的高四感（歸屬感、愉快感、成就感及意義感），容易沉迷，故我認為如何有效協助青少年在非網路的現實世界中體驗高四感，是協助其脫離網路依賴的關鍵策略。

團隊向衛福部申請補助，規劃無網路住宿心理營隊 8 天 7 夜「幸福不迷網 -e 世代青少年成長營」，師生協助沉迷網路的青少年，在沒有手機、網路的生活中，體驗到「高四感」。透過小隊團體的凝聚力營造歸屬感，和農委會、南投縣社區合作，結合農村特色，青少年認識大自然生態和體驗多元文化，並 DIY 採煮香菇等等，因而感受走出網路的世界有著無限樂趣。另外也以激勵創意和表現的活動，讓青少年獲得現實生活匱乏的成就感。此外，心理課程帶領他們探索迷網自我，比較聰明用 3C 和不聰明用 3C 好壞處並抉擇； 認識不聰明用 3C 的誘惑情境，學習面對和解決現實生活中的問題，也學習時間管理、正向思考、EQ 訓練、慾望克制、拒絕邀約、前額葉功能訓練，以及促進親子關係的活動。

無網路營隊如何帶來幸福不迷網？ 營隊的最後一天安排了由家長見證的「我的蛻變我的成長」分享； 青少年一個個上臺分享 8 天 7 夜的成長經驗； 這是充滿感動的時刻。

很多青少年表達，「雖然沒有手機，但我活下來，而且活得很快樂、活得很有成就感」。有位劉同學的分享，展現了他令人欽佩的反思能力； 他說「八天七夜的無網路生活，幫助我了解我過去沉迷網路，是在尋尋覓覓什麼？其實，這些心理需求也可以在現實生活中找到的」。也有孩子用畫圖來表達，「 自己原很迷惘，不曉得自己活著的意義，但在營隊發現到美好的自己和自信」。多

位孩子表達原先是多麼的不想來參加營隊、怨恨父母帶來，但現在是很感謝父母能夠安排讓他參加營隊，也交到很多好朋友，共同努力健康上網，一起成長。

全國首創幸福不迷網－無網路生活營隊和農委會水土保持局、南投縣東光、南豐及一新等社區合作，結合在地農村特色，透過認識大自然生態和多元文化體驗，青少年深深感受到走出網路的世界有無限樂趣。

　　家長帶著孩子來參加營隊之前，常是懷著非常無助無奈或心力交瘁的心情，但看到孩子的蛻變，喜極而泣。營隊和營隊後工作坊也提供家長課程和親子共同成長課程。常令我感動的是，家長對於健康上網教養方法，抱著熱切學習精神；在引導下，他們先了解孩子們「為何迷戀3C」、「為何失控使用」以及如何「培育3C自控力」，並進一步學習「同你心技巧」增進親子溝通。家長們的終身學習，也促進親子間關係的變化。從成果分析中，看到親子間關係的改善，是影響整個營隊後續長久效果的重要因素。然而，也留下一些遺憾，有些家長因為工作或其他限制，而無法參與這些訓練和親子成長課程。

青少年幸福不迷網－無網路生活營隊的最後一天，青少年勇敢站上大舞臺，逐一分享「我的蛻變我的成長」，在親子合唱大愛和蛻變歌聲中閉幕。

在追蹤五個月後，我們在衛福部舉行成果發表會，幾位青少年勇敢的爭取在記者會上臺發表的機會。

趙同學上臺說，「在面對壓力時，我不再用玩遊戲來趨樂避苦，而是改成運動打球的替代行為。 以前紓解壓力的方式是上網或睡覺，參加營隊後改用打球排解課業壓力，也懂得拒絕網路誘惑。」

蔡同學分享，「自己應用營隊的正向思考活動，找出負向思考炸彈，轉念寬心，現在更懂得調適心情，不需要上網玩遊戲紓解壓力，現在更專心唸書，功課也變好了。」

而透過問卷評量的成果分析顯示，100%成員都認同「在沒有網路生活中，感受到歸屬感、愉快感、成就感及價值意義！」，

94％成員認同學到健康上網觀念和態度，也學習到情緒管理、正向思考、時間管理和克制欲望，而94％的成員認同營隊有幫助且願意推薦給別人。另外100％家長認同營隊活動對自己和青少年都有幫助，對於日後的管教有所助益。而五個月的追蹤評量結果也顯示，週末的非課業3C使用時間下降、孩子拒絕誘惑的自我效能提升、憂鬱和睡眠品質也有所改善。陸續在教育部和捐款補助下，我們已經舉辦了三期，協助近70個家庭和青少年幸福不迷網。

蔡進發校長（右二）、柯慧貞副校長（右三）及網路成癮人工智慧AI團隊，發表科技部計畫成果；團隊利用人工智慧深度學習開發以App使用時間即時偵測成癮風險及提升自控力系統。

## 自我導向戒網癮？首創自控力提升 App 七成四改善率

亞大每年均由中心協助學務處進行網癮高關群的篩檢，以及早進行關懷輔導。在防疫期間，我們開發了零接觸的戒癮方案，在科技部計畫補助下，中心和人工智慧中心、精準醫療中心合作，開

發引導學生「每週設定逐步減少使用量自我調控 App」與「每日給予手機使用時間和社群排名之回饋訊息 App」兩種介入方案，經過八週訓練後，並追蹤四個月，發現兩方案均能有效降低大學生手機成癮風險度，也能提升網路使用延宕滿足能力；達 74.4% 改善率。目前正開發以 AI 分析手機活動程式，可即時偵測成癮風險，進而藉 APP 引導自我調控而降低大學生手機成癮。

## 愛，是在別人的需要上，看見自己的責任

德蕾莎修女曾說過：「愛，是在別人的需要上，看見自己的責任。」在新的時代、新的科技出現時，團隊看見社會需求，承擔起社會責任。2012 年成立了「中亞聯大網癮防治中心」以來，陸續推展以下四大任務。如今回顧所來徑，蒼蒼橫翠微。

（一）系列探討網癮的現象、診斷、成因、後果及研發有效的篩檢及成因評估工具與防治方案： 近幾年已發展國小低年級學生聰明用四電教案，有效提升學童聰明用四電行為； 也發展國中生網路遊戲成癮的戒癮團體方案，證實有效協助 75.6% 國中生遊戲成癮改善； 另開發大學生手機成癮動機提升、預防復發教案，有效提升手機自律用。目前正結合人工智慧，精進與客製化網癮的評估預測與介入方案。中心每年主辦國際性或國內網癮研討會或論壇，也與國際知名團隊（如德國烏爾姆大學（Ulm University）、新加坡國立大學等）進行國際合作計畫。

（二）把研發成果轉譯成網癮防治社會實踐方案；中心持續開發有效方案並加以推廣；其中，全國首創之無網路生活營隊，尤具特色，透過無網路但高四感生活，協助青少年揮別 3C 成癮。

（三）將研發成果轉譯成網癮防治的教學或人才培訓方案：

開設心理系碩士班「網癮防治課程」，大學部跨校跨域「成癮防治學程」；也開發健康上網不上癮數位教材，如磨課師課程、個案辨識與輔導技巧微電影等。協助人才培訓與社會推廣活動，超過42,000人次。

（四）社會倡導：中心與政府、民團、科技公司及媒體等合作，進行網癮辨識及健康上網不上癮的社會教育，並倡議政策方案；各大媒體曾以新聞報導或專題報導本中心成果。

我們的愛與實踐也獲得朱英龍教授的共鳴和支持；朱教授曾任臺大客座副教授、嘉隆實業公司董事長，追隨父親朱繡山「傳德不傳財」為善最樂的腳步，長期關懷弱勢與青少年發展及醫療創新；他連續兩年捐助網癮防治經費達 200 萬元，贊助中心持續推動網癮防治。

臺大退休教授朱英龍（前排左三）參訪亞大網癮防治中心，和柯慧貞副校長（前排中）團隊合影，已捐贈 200 萬元贊助中心，持續推動網癮防治。

Science and
Technology Education

PART 3

科技教育

重視 AI 人才，亞大力推「AI 菁英一條龍」培育計畫！

全國首創 AI 人工智慧博士班，從學士班到博士班的 AI 一條龍學制培養計畫，並和企業產學合作，輔導就業。

曾憲雄副校長帶領亞大 AI 學院團隊烹煮三鍋石頭湯——

將圖書館改造成 AI 圖書館，內設 AI 體驗坊與 AI 練功坊，建置智慧物聯網（AIoT）實驗室，讓學生實際體驗；將大一必修通識課程「資訊與科技」之「應用程式設計」課程，提升為「程式設計與智慧應用」課程，讓學生可輕易設計 App 與了解如何利用人工智慧技術與工具解決生活問題；「X+AI」，讓 AI 結合新媒體文創、長照、餐飲等產業，利用 AI 工具解決各不同專業領域所面臨的問題。

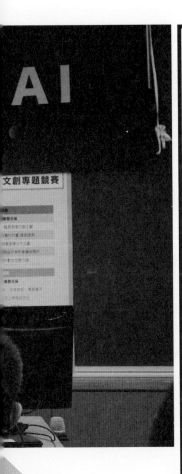

# 解甲歸田重披 |十二|
# 新戰袍的我，
# 細說另一個石
# 頭湯的故事

聯合國永續發展目標 SDGs

**作者檔案**

**曾憲雄**

資訊電機學院行動商務與多媒體應用學系

曾憲雄教授 1984 年獲得交通大學計算機工程系博士，目前為亞洲大學行動商務與多媒體應用學系講座教授兼副校長兼人工智慧學院院長，曾任交通大學資訊科學系系主任、亞洲大學資訊學院院長以及教育部電算中心主任。在 1999 年創辦財團法人台灣網路資訊中心 (TWNIC)，並為董事長。曾教授也曾擔任教育部顧問室資訊領域召集人，IPv6 發展計畫總主持人，TWCERT/CC 召集人，科技部科國司科教實作學門召集人。於 2010 年獲頒「領航舵手」卓越成就獎，2018 年獲得 TANET 第一屆「終身成就獎」。

數位經濟時代來臨，將在 25 年內再次改變人類生活的樣貌，很多職業將被 AI 取代。

—— 張忠謀

於 2018 年過年後，接到校長的談約，希望我再接任亞大副校長一職，並兼任 AI 學院院長協助成立 AI 學院、規劃全校 AI 相關事宜，以進一步擴展至 AI 大學。這雖是一個國內外都少見的高難度任務，但也滿符合我喜歡不斷的創新、探索及挑戰自我的個性，經過思考便答應校長接下這職務。我樂意運用累積多年的開創性理念與工作經驗，進一步發揮石頭湯的精神，凝聚與整合校內相關資源以創造出新的價值，協助學校建立與推動 AI School。

## 第一鍋石頭湯

AI 教學設備與實作場域的建置是首先要面對的問題，起初大家的直覺想法就是在圖書館內切割一塊空間出來，購置國際大廠設備建置 AI 體驗坊，且有獨立入口與管理機制，這是直接可利用於教學且易於布建的。但圖書館學生的閱讀空間是否會被影響？設備一次購置經費是否過高且後續的教學如何搭配？維運之人力資源如何籌措等問題將會難以處理。當時我在想如何發揮石頭湯的精神，將圖書館改造成 AI 圖書館內設 AI 體驗坊與 AI 練功坊，讓圖書館

統籌 AI 體驗坊與 AI 練功坊基本的營運與管理，也成為學生學習的重要角色。6 個 AI 學習場域，包含由廖岳祥主任、張春明老師與潘信宏老師協助建置智慧簡報、智慧機器人及智慧家居學習場域；智慧交通由陳永欽老師與商應系知識與資料工程實驗室協助建置與提供相關設備；智慧工廠則由陳大正副校長帶領團隊，並由詹啟祥老師與學生進行復刻與開發；智慧復健由李信達院長協助進行專利導入與設備建置規劃。此外更邀請設計學院施勝誠老師建立意象牆，從每次的會議討論、分工開發與舉辦教育訓練等，從一次式購買與導入整套 AI 體驗坊教學設備轉變成採買基本套件漸進式的建構模式，慢慢的從無到、凝聚共識、與培養大家的信心和動力，並從使用者回饋意見來調整。其中資工系陳興忠老師帶領外籍博士生一同參與機械手臂的製作，經由老師與同學透過自主學習的方式，在這樣的一個 AI 教學場域中不斷精進，開發一些創新且意想不到的成果。

於 2019 年過年後，準備 AI 體驗坊及 AI 練功坊開幕儀式，此時，小星機器人因對話設備異常，以及無人工廠因網路環境問題無法運行等，經過團隊的努力，逐漸讓設備能夠運作穩定，成功舉辦開幕儀式，之後交由圖書館來維運，提供一個全新的教學環境。

| 2019 年 2 月 18 日蔡進發校長與主管至 AI 練功坊參觀，以及使用人臉辨識系統。

後續豹小秘機器人也於 2019 年 8 月全校共識營的時候首度亮相，成功的完成了豹小秘和我擔任開場司儀之工作。

因陸續有許多校內外師生前來觀摩，就連新聞記者也慕名而來前來採訪。由於新採購七軸機械手臂測試與開發上碰到手臂的電源接觸不良，且尚無咖啡磨豆機進行咖啡泡製等問題，當時我立即捐贈我用了 10 幾年的咖啡機，經測試與校正，終於在記者來訪時順利成功展示。此外 AI 圖書館導覽，結合智慧機器人進行圖書館迎賓、導覽、圖書諮詢等服務，也帶領學生們進入 AI 體驗坊及 AI 練功坊參觀與體驗人工智慧教學應用場域。

至今共累計數十場校內外參訪及課程活動，包含智慧圖書館結合 14 門課、智慧機器人結合 16 門課、智慧醫療結合 7 門課、智慧交通結合 5 門課、智慧工廠結合 3 門課及智慧家居結合 9 門課。校外 3320 人次參觀，校內 4155 人次參觀。除此之外更建置智慧物聯網（AIoT）實驗室，藉由智慧物聯網（AIoT）實驗室結合 AI 讓學生實際進行數位電路的設計和硬體驗證過程，共結合 6 門課程，而達理論與實際的相互配合。建置智慧會計資料科學實驗室融入創新 AI+ 學程，並獲得 ACL 原廠捐贈市價超過 3000 萬元之 ACL「資料分析與電腦稽核軟體」AI 人工智慧新版 200 套使用權，共結合 12 門課程，以進行大數據電腦查核實務之種子師資培訓暨 ICAEA 認證課程等。

## 第二鍋石頭湯

我們不但要推動 AI+X，更要針對非資訊相關系所學生推動 X+AI。

「AI+X」適合資工或資訊相關系所的技術課程，是以 AI 為

主去尋找一些需要應用 AI 解決的問題。

　　將全校大一必修通識課程「資訊與科技」之「應用程式設計」課程，增加 AI 的元素提升為「程式設計與智慧應用」課程，讓學生於大一可輕易設計 App 與了解如何利用人工智慧技術與工具解決生活問題，每學期至少安排 1 ～ 2 次至 AI 體驗坊進行移地教學，讓學生能實際操作與體驗。並開設「人工智慧無所不在」博雅課程，擴展學生 AI 視野，開設「AI 生活大不同」博雅課程，讓同學明白 AI 與生活的緊密結合，2019 ～ 2020 年共計 203 人修課，以培養基本的運算思維能力。

　　為提昇大學日間部學士班學生資訊能力，建立資訊力題庫，並訂定題目之屬性，針對測驗題目內容，規劃信度與效度兩項的特徵。以提升基礎與進階之資訊素養，導入適性化測驗與即時線上練習測驗系統，並強化資訊力之本體論架構，並由我帶領資電學院約 15 位老師共同完成命題、審查與 labeling 1000 題，以奠定大數據分析之基礎。

## ● AI 跨域學程

　　亞大全面培育的 AI 人才，且是全國唯一設有 AI 人工智慧博士班的學校，全力培育學生從 AI 學士班、碩士班，一直到博士班的 AI 一條龍學制，加上推動「AI 菁英一條龍」獎學金培育計畫，並和企業產學合作，輔導就業。推動 AI 教學以來，各學院相關老師培育不少 AI 精英學生，也與臺灣人工智慧學校攜手合作。目前有 2 位教師擔任培訓班講師，4 位教師完成培訓班課程，另外 2019 年至 2020 年 5 位師生取得臺灣微軟 MPP 證照、70 位師生參與微軟課程。

參加校外 AI 競賽，將主題分為現場實作、AI 專題及結合 USR 三大的競賽項目，其中現場實作科技部「科技大擂臺與 AI 對話」（Fun Cup）於 2019 年資工系四位同學組隊參賽，從 50 隊參賽隊伍中，獲得第 2 名，行政院全國智慧製造大數據分析競賽朱學亨老師帶領的團隊參加入選決賽，AI CUP 更從 2018 年至 2020 年分別得到包含第 1 名等各項不錯成績，資策會自行車產業數位轉型 AI 應用競賽更是獲得第 1 名及第 2 名的佳績。AI 專題競賽的部分，教育部 EGDA 全球華人教育遊戲設計大賽，我帶領學生參賽獲得兩項佳作，中華郵政大數據競賽，我也帶領本校學生得到優勝獎，獎金 2 萬元，中技社 AI 創意競賽，我與本校潘信宏組長及學生獲得 AI 教育類組的佳作，獎金 5 萬元。結合 USR 由王昭能老師帶領本校學生獲得社會創新競賽獲得優等獎，獎金 20 萬元。統計 2019 ～ 2020 年計共參加 27 件 AI 競賽活動，成績大放異彩，獲獎連連，印證亞大 AI 教育已展現成果。

## 第三鍋石頭湯

「X+AI」的 X 可代表任何非 AI 領域其他課程，AI 融入 X 裡面教學以相互加值，利用新的 AI 工具來幫助解決問題，在不同專業所面臨同問題時，會產生不同的問題表徵與解決策略。因此，跨領域問題解決首重透過溝通找出共同聚焦、創意，再將其嚴謹定義並導入運算思維予以解決。

### ● 新媒體文創

新媒體，一個看似簡單的新名詞，卻讓我們一路從舉辦相關跨校競賽中摸索與成長。由本校主導，聯合他校訂定學習履歷標

準，並訂定 Capstone project 之各項屬性，並導入 ePBL+CBR（案例式推理）機制，先針對七種不同形式 Capstone project 建立智慧新媒體文創案例庫，透過相似案例搜尋，提供學生擷取參考案例協助他們提供學習，並進一步提供適性化學習評量、診斷與補救教學，為精準教育打下基礎，我們也將進一步打造無所不在學習平臺。

2018 年「臺中國際學生電影節 & 臺中資訊應用創作展」共有 115 組參與，其中資傳系有 61 組參加，並於該年度將智慧新媒體文創平臺、建立作品特徵屬性、訂定 metadata、portfolio，2019 年導入 AI 概念，獨特設計魅力，建立相關設計模型，系統測試與評估，回溯建檔，並收集資傳系 2014 ～ 2019 年共 116 件，2020 年完成回饋分析與模型校正提供服務，擴大研發與產學成效，舉辦跨院合作說明會及經驗分享，增加資電學院 114 件、設計學院 1 件、人社學院 2 件，臺中科大 2 件，校外合作學校 8 所，校外合作廠商 2 間，2021 年預計修改智慧新媒體文創平臺延伸至無所不在的學習平臺。

2020 年 7 月 7 日曾憲雄副校長與參加智慧多媒體文創設計 +AI 論壇師生進行開場致詞。

這過程，從一開始大家無所適從、排斥，到慢慢的接受、累積成果、受到肯定，也讓更多人願意一起參與。現在這系統已經累積了大量有意義的資料，提供服務，也隨時改善進化。

## ● 智慧長照

臺灣高齡化速度全球數一數二，目前照顧體系專業人力不足是最嚴重的問題。照顧高齡者屬人力密集的工作，且相當倚賴專業服務知能。在我們社工加資工跨領域團隊，含我、黃松林老師、陳貽照老師與朱學亭老師的〈機構老人孤寂感警報處遇系統〉方案中，我們關注晚年必須住進福利機構生活長者的心理福祉，因機構經營與管理方式，許多老年人入住後會產生身心上的問題，如孤寂感，若無法即時發現進行處遇，將會產生嚴重的後果。相較一般機構，有志工進入機構關懷的確可降低老年人的孤寂感，然而志工培訓耗時、費力，但服務人次仍十分有限，這是目前關懷服務的瓶頸，我們透過「X+AI」來解決此棘手問題。

關懷志工的服務流程可作為社工與資工跨領域溝通是關鍵的核心，逐步具體化所遭遇的各項問題。我們檢視既有服務流程與訪談紀錄、以及評估孤寂感等大量資料，經多向度彙整，透過以生理、心理、社會等特徵評估老人孤寂程度。以 AI 簡化服務流程中繁瑣的文書處理，同時也透過 AI 專家系統學習與累積專家知識，更有效統整、簡化評估孤寂感的特徵向度，使之更為精準。此外專家系統也帶來培訓創新的可能性，我們可用這套系統來培訓新志工，能更快上手、更快抓到要領，進而做出擬資深志工的服務品質，以解決人力短缺的問題。

## ● 智慧餐飲

在 2019 年開了 3 次會議後，管理學院欲培訓學生具 AI 素養，共開設 AI 基礎理論與應用技術、基礎的 AI 應用程式設計、網路爬蟲技術的實作 & 應用、人工智慧與管理 PBL 成果展競賽及智慧餐飲等「人工智慧與管理」相關課程，以融入管院課程特色。智慧餐飲由 5 個系、9 位老師從消費行為、行銷管理、財務金融、智慧餐飲等面向，結合亞大智慧校園、餐飲、行動支付業者，建置 AU eats 線上智慧點餐系統及行動支付等功能，藉由 AR 互動式菜單吸引顧客，舉辦促銷活動，以吸引更多顧客到餐廳用餐。此外透過 AR 互動式的菜單，能夠與顧客溝通也變得簡單，並且可使用平臺查看特定餐點的 3D 圖像，了解餐點對健康的益處、營養成分與食譜，結合廣告宣傳等，提高關注度的 AR 用戶品嘗體驗之項目，系統於 2020 年 6 月啟用。

## ● AIdea 課程地區培育學生

亞大智慧圖書館將智慧校園專案匯集超過 100 萬筆的成績及圖書館資料整理成有價值的大數據，需要很多作業，包括匯整不同資料來源，也要進行資料清理戡誤與隱私保護，工研院巨資中心協助亞大將學習資料整理成智慧教育的 AI 專案，在 AIdea 平臺上架。

工研院洪副組長介紹亞大同學在 AIdea 平臺上的表現。她說，亞大師生在 AIdea 平臺議題參與度高，表現成績佳。整體排在 6 所國立大學（臺大、清大、成大、中正、中央和北科大）後面，是私立大學第一。目前，工研院也和亞洲大學朱學亭老師合作 AIdea 產業課程，學習分析（Learning Analytics）是智慧教育重要的環節。

亞大朱學亭老師說藉由參與 AIdea 平臺的專題，亞大學生將課程學習到的程式應用在實際的產業議題。也藉由討論 AIdea 專題形成學習 AI 的氛圍。AIdea 平臺有中英雙語介面，外國學生也可以參與專題。亞大的 AI Summer Program，有超過 100 位國際學生，使用 AIdea 平臺進行專題，受到外國學生歡迎。

如何讓跨領域共同界定問題，將問題具體化，從 AI 層面提出可行的解決策略，除產生問題解決成效外，並帶來更多創新的可能性，進而達到 1+1>2 的成效。期待有志之士從社會上棘手的問題出發，發揮創意產生更多跨領域問題解決的模式來造福國家社會，尤其是針對弱勢族群。

隨著行動運算，擴增實境（Augmented Reality，AR）與 IoT 的發展，如何應用新興資訊技術於學習環境，幫助人們輕鬆地理解被擴增虛擬資訊的現實物件，以試圖克服傳統教學環境局限性，可以隨時隨地學習。

未來不但要強化 AI 學習場域與跨域 AI 融入教學，利用石頭湯的精神，讓我們一路奔跑著學習、改變、整合與建構一個無所不在的學習場域。

| 2020 年 06 月 10 日工研院 AIdea 攜手亞洲大學智慧校園合作案發表會，曾憲雄副校長致詞。

以服務為樂，亞大師生將所學深入偏鄉，照顧弱勢，從不喊苦！

「服務的人生，成就人生的價值」，善盡大學社會責任，也藉此培育大學生將所學回饋社會，實現助人為快樂之本的精神。

將亞大學生培養為種子教師，每年寒暑假辦理中小學電腦研習營活動，協助偏鄉學童提升電腦資訊和 AI 能力。

# 服務的人生，│十三│
# 人生的服務

**聯合國永續發展目標 SDGs**

**作者檔案**

**廖岳祥**

資訊電機學院行動商務與多媒體應用學系

美國路易維爾大學電腦科學與工程博士，現任亞洲大學行動商務與多媒體應用系副教授兼系主任，致力於科技教育推廣，希望透過團隊設計的 AI 課程，深入淺出的誘發偏鄉中小學生學習興趣，進而縮短 AI 素養落差。

**潤稿**

**賴昭吟**

通識教育中心

彰化師範大學國文系文學博士，現任亞洲大學通識教育中心副教授兼課外活動與服務學習組組長，研究專長為國語文教學、古文字學，教授「文學賞析」、「報導文學」等課程。

教育是最重要的墊腳石、敲門磚，幫助年輕人有更好機會去實現夢想！

——蔡長海

　　人生以服務為目的，透過服務方能成就人生的價值。我以為人生的價值，是指一個人在生活中，對國家社會服務奉獻，應當抱持的基本態度。並且能就其效能與影響，自我評斷。若能將個人所學應用於服務眾人，將為生命創造無限的價值與意義。

　　亞洲大學行動商務與多媒體應用學系師生秉持「實用資訊、媒體應用、社會關懷」之理念，因應知識經濟時代的來臨，培育具備行動商務系統操作管理與多媒體應用能力之專業人才。本系自2005年起，至2013年，擔任教育部學產基金縮短中小學城鄉數位落差計畫全國單一窗口，更於寒、暑假期間辦理中小學電腦研習營活動，長達9年。接著在2014年至2018年舉辦兒童網路創意營，以落實政府照顧弱勢族群之政策，進而提昇學生電腦資訊能力，彌補學生之生活資源的不足，及加強新資訊的吸收，提升資訊素養，利用網路學習與進修，讓學童更能掌握時代的脈動。

　　為落實本系服務社會之理念，並承襲本校校務發展計畫的發展重點之一「實踐社會責任」，在蔡進發校長的支持之下，本系

團隊於 2020 年起，參與亞洲大學之大學社會責任實踐計畫，計畫名稱為「縮短中小學 AI 素養落差」。透過本系的專業與學校的支持，將研究與服務焦點鎖定在 AI 技術的研發與應用，招募本系學生組成志工團隊，到偏遠地區小學進行基礎 AI 教學與實務應用。為了充分展現本校 AI 發展的特點，增強本校 AI 志工服務的能量，特成立 AI 人工智慧大學社會責任實踐基地 AI-USR Hub 或稱之為愛 -USR 實踐基地。該基地的建立象徵了亞洲大學將承擔起中部地區人工智慧教學與推廣服務的重任，堅持志工大學的理念，善盡本校的社會責任。

商應系師生連續 4 天在彰化和美實驗中學舉辦 8 個場次的 AI 初級課程體驗，為 1～3 年級共 8 個班級（約 240 人次）參加，每場活動都讓參與的學員獲益良多。

## 為產業轉型提早作準備

　　依據行政院科技會報辦公室預估，我國產業數位轉型所需人力至 2030 年累積缺口將達 8.3 萬人，而 AI 及數位創新跨域人才均來自於高等教育大學，更奠基於 12 年國教。因此，教育部資科司郭司長指出，依據 108 課綱，擬訂「AI 教育化、教育 AI 化」策略，期望將臺灣的教育帶向人工智慧教育，以及個人化、適性化先進學習的新時代。由於偏鄉學校的封閉性，導致教育資源與都市化學校相比較為欠缺，雖然網路發達，但是網路上的資訊量非常龐雜，若未經引導往往錯失最新發展動態，導致相關人工智慧資訊吸收不足，AI 素養落差因而產生。而聯合國永續發展目標（SDGs）的第 4 項中也提到確保有教無類、公平以及高品質的教育，及提倡終生學習重要性。

　　在本計畫中，主要培養本校學生作為種子教師，在廖岳祥教授、時文中教授、劉兆樑教授的領導之下，執行 AI 專業知識及應用的教學與輔導，我們針對附近地區中小學提供「AI 初級課程」及「AI 進階課程」訓練，期望能改善上述問題。

商應系師生在彰化鹿港高中舉辦一天的活動，早上場為 AI 初級課程體驗，下午場為 AI 進階課程體驗，課程中學員們都十分專注投入。

服務與教學的課程主要有：（一）AI 初級課程——提供學生基本 AI 與基礎程式設計概念；（二）AI 進階課程——進一步介紹 AI 應用與相關工具，讓同學了解 AI 當前應用、未來發展趨勢與建立 AI 程式語言基礎。此外，亦安排（三）AI 科普講座與亞洲大學 AI 體驗坊參訪。並結合曾憲雄副校長主持計畫所舉辦之「兒童網路創意營」活動營隊進行 AI 概念課程。

　　為了達到更有效的教學成果，在課程及教學規劃方面更展現本系的專業；首先，由亞大規劃開發以專題導向之 AI 教案設計微學分課程，邀請校外 12 年課綱諮詢委員、中小學師生、校外軟硬體及平臺業師，共同以中小學 AI 課程與教材開發設計為議題，了解中小學師生需求與課綱內容，透過定義議題、創意發想、製作課程教材、完成教材設計，再加以推廣，並從中培養亞大學生掌握議題和解決議題的能力。其次，定期舉辦種子教師（助教）工作坊，以 AI 課程規劃為例，透過設計思考之同理共情、定義問題、創意發想、製作專題、測試步驟的循環過程，完成解決方案。再者，也透過軟體技術廠商提供 AI 軟體操作平臺，協助 Python 教學課程規劃。另請硬體設備廠商提供 AI 機器人相關硬體，並協助 Sphero Bolt 教育平臺建置。

　　我們在第一年計畫中舉辦了 1 場 AI 初級課程種子教師工作坊與 2 場 AI 進階課程種子教師工作坊，完成了 6 位種子教師之教育訓練。3 場種子教師培訓工作坊共培訓本校師生合計 45 人次。也舉辦 3 場諮詢會議，分別邀請配合執行之學校教師，及偏遠地區學校教師與業界教師等 9 位諮詢委員提供寶貴建議。另外，舉辦了 11 場 AI 初級課程，協助訓練偏鄉中小學生共合計 333 人次；也舉辦 1 場 AI 進階課程，協助訓練偏鄉中小學生共合計 30 人次；再加上 3 場 AI 科普講座，共有 254 位偏鄉中小學生參與。

霧峰桐林國小為偏鄉學校，活動當天共有四、五年級計 30 位同學熱烈地參與 AI 初級課程。

## 深入偏鄉，照顧資源弱勢

　　本計畫所服務的學校皆為偏鄉中小學，AI 相關領域之教育資源較為匱乏，每到首次服務之學校時，在計畫執行過程當中，我們看到偏鄉學童及學生對於 AI 相關知識與應用求知若渴之眼神，以及其認真學習的態度，就看到未來國家的希望，期望這群學子都成為 AI-Ready 的人才，在人工智慧專業與應用的趨勢當中，都能有足夠的競爭力，為國家社會做出具體的貢獻，相信執行 AI 素養計畫已開闊偏鄉學童的視野，亦對執行計畫的助教同學自身的 AI 專業知識與服務熱忱有相當程度的成長。接受培訓的國立和美實驗學校林同學說：「以前非常喜歡科幻電影中的機器戰士，覺得十分帥氣，但現實生活中，電影終究只是幻想，透過 AI 基礎課程中的 Sphero Bolt 基礎和進階操作後，讓我對人工智慧有更多的了解，更加深我對這方面的興趣。」鹿港高級中李同學也談到：「父親是軟體工程師，從小對電腦就很感興趣，AI 進階課程中的 Python 程式教學，了解到不同於學校內教授的知識，更確立了我未來的人生方向。」而參與服務的亞大商應系鄭同學也認為：「參加 USR 計

畫除了提升自身對於 AI 人工智慧的興趣與認識外，更透過到資源落後的地方服務之機會，幫助偏鄉的學生了解現在時代的趨勢，每當看到他們的笑容，內心便無比滿足。」

　　此計畫之成果，正反映了 AI-USR 的核心精神與價值，充分發揮了一所優質大學的社會責任，也藉此培育在學的大學生將所學之專業知識應用於社會關懷的能力，執行此計畫之團隊師生亦收穫頗多，同時實現助人為快樂之本的精神，以及共創多贏的美好未來。

彰化路上國小為一偏鄉迷你小學，全校共有 35 位同學參與 AI 初級課程活動，小一和小二的可愛小朋友，讓參與帶領活動的亞大同學覺得活力十足。

慈愛如同暖陽，照耀每一顆孤獨的靈魂。

用耐心代替責罵，以理解消除隔閡——

老師結合社會實踐課程，帶領亞大學生透過繪畫、發電裝置等實做課程，喚

起小朋友的興趣，引發小孩的好奇心，誘發孩子自我學習的需求。

課程結束，愛不停歇，將成果義賣，形成愛的循環——

營隊結束後，亞大團隊將孩子們的作品集結成年曆，透過義賣活動，再將所

得全數捐贈，做為學童課後輔導基金，讓愛不停歇。

# 下一站・幸福 ｜十四｜ —— 弱勢學童 夢想起飛

聯合國永續發展目標 SDGs

作者檔案

**詹雯玲**

資訊電機學院生物資訊與醫學工程學系

現任亞洲大學生物資訊與醫學工程學系助理教授，秉持將脫貧的力量交還學童手上，因此以「陽光利他」為課程目標，扣緊「開拓弱勢學童視野」主旨，透過一系列活動，帶領師生了解在地文化，關懷弱勢學童，並提升社會大眾對「不山不市」弱勢學童之關注與回饋。

**林怡君**

通識教育中心

臺灣師範大學國文系文學博士，曾任臺灣師範大學兼任講師，現任亞洲大學通識中心副教授，研究專長為明清小說、現代小說、文學創作，開設小說與社會、文學與生活等課程。碩士論文為《鉅史與私情：李漁小說研究》，博士論文為《明末清初小說中的美少年研究》，有期刊如〈許宣大改造：從物質研究視角重探〈白娘子永鎮雷峰塔〉〉等，另有散文創作散見各大報。

教育不是灌輸，而是點燃火焰。

—— 蘇格拉底

仲春時節的臺中氣候怡人，正午的陽光潑灑下來，晒得人暖洋洋的卻不會太過燥熱。「噹噹噹噹～噹噹噹噹～」健民國小的放學鐘響，校門口開始湧現的放學人潮，有等待孩子放學的家長、有預備接引學童的安親班老師，更多的是活潑天真的學童、各自三五成群的結伴嬉戲回家。

## 冷漠的背後其實是不善表達

「志緯，你下午要不要去阿華家玩？我們要去看他家的狗狗。」一群小朋友們嘰嘰喳喳的討論著。

「狗有什麼好看的？我還有事，先走了。」名叫志緯的小男孩摸了摸肚子後，就這樣揮別同學，出了校門後右轉再右轉，消失在圍牆的另一側。志緯急走了一段後回頭看，沒看到認識的同學，又低下頭來，散漫地踢著碎石，看見從學校圍牆內伸出的榕樹枝葉，伸手扯了一把下來，朝遠處丟擲過去。

「喂！」志緯猛地被人從後面拍了一下，跟蹌走了幾步。

「幹嘛啦？」志緯回頭，氣呼呼的。

「齁呦，就拍一下嘛！別小氣。」一個個頭跟志緯差不多高，身材再壯實點的小男生不在乎的說著：「上週教會老師說，今天會有新的老師來帶我們活動耶！不知道要玩什麼？」

「反正不就是寫作業與講故事。那些故事我都不想聽了。」志緯滿不在乎的說道，「我比較期待今天吃不吃得到雞腿。」

志緯坐在教會的教室裡，看著眼前的作業發呆，「真想去看阿華家的狗狗啊！」

「志緯，你還有哪邊不懂？早點寫完功課，有點心可以吃，之後會有大哥哥姊姊們要來教你們畫畫喔。」教會老師好說歹說才安撫住志緯，讓他把心思拉回來。好不容易終於完成作業，志緯立刻推開椅子，衝向教室外，不顧他起身動作太大影響到其他同學、也沒跟被他開門時撞到的教會志工說聲對不起，就穿過門前的人群。

「不好意思，這個孩子大概是急著吃點心，所以沒注意到。」教會老師向後面幾位年輕的老師與大學生們致歉。

「沒關係，等孩子們吃完東西，再開始活動吧。」來自亞洲大學通識教育中心的黃淑貞主任與視覺傳播系的學生們，隨即開始準備教具與活動物品。

「各位同學好，我是若涵姊姊。今天我們要來跟大家說怎麼畫自己！你覺得自己是什麼樣子的人呢？」視傳系的學生們穿梭在國小孩童間，殷切的關懷著，但這些孩子們不知道是怕生還是不懂得表達，對於哥哥姊姊們的引導，似乎不太搭理，讓教導老師與大

哥哥姊姊們有些意外，跟過往接觸過的孩子不大相同。

到了活動的尾聲，若涵才剛說完：「我們今天的活動結束囉。」教室裡的孩童便按耐不住地往外衝、或自顧自做自己的事，沒一個人向老師們道謝。

課後，教會志工進教室協助教具教材的收復，「來教會的孩子，很多是家境困難的，也有不少是隔代教養的家庭。有些孩子及其家庭的晚餐就靠教會供給，這些孩子覺得受到幫助是理所當然的，也不太懂得對他人的善意表示感謝。」志工們熱切跟團隊夥伴說明孩子的狀況，也讓夥伴們對於接下該如何執行計畫內容更有熱忱與方向。

## 熱絡學習，融化孩子心房

第二次的活動是由光電與通訊學系的葉榮輝老師領軍學生們執行，藉由讓孩子實際製作手動發電裝置與 LED 燈的裝設，讓孩子理解用電安全、電磁波的相關知識。孩子們在老師與哥哥姊姊們的引導下，比之前活潑了不少。

「阿翔哥哥，這個地方我不知道該怎麼安裝？」志緯鼓起勇氣詢問經過他身旁的大學生阿翔。

「其實你只是忽略了這邊線路的連結，你看！燈這不就亮了？」

「喔！」志緯隨意的應著。

「志緯，我覺得你很聰明，我來考考你：當請教別人時，我們要說『請』字；那，當我們接受了別人的幫助之後又該說什麼

呢？」阿翔不忘行前會議時的叮囑，要引領這些學童們應有的禮儀與感恩的心。

「謝謝阿翔哥哥！」志緯覺得這些哥哥姊姊們好厲害，會這麼多他不懂的東西，「我會讓 LED 燈發光了耶！」也意識到「電」原來這麼複雜、也這麼有趣，要按下一個開關就讓燈光亮起來是需要認真學習與操作的。

「老師！老師！我們今天要玩什麼？」當一輛汽車駛進竹子坑教會的停車場，許多孩子們蜂擁而上七嘴八舌的問著。

「我們今天要玩遙控汽車喲！」詹雯玲老師帶著生物資訊與醫學工程學系的大學生們透過在平板上所安裝的 App 讓孩童們操作電動車。

「好好玩喔！平板也能當作遙控器耶！」竹子坑教會的孩子們很少擁有新奇的玩具、也很少有機會能操作 3C 裝置，這次的經驗對他們而言十分珍貴，每個孩子都迫不及待地想趕快玩到，遊戲與競賽讓孩子們的表現都熱情起來。

｜ 亞大學生向學童們解說 Arduino 電動車運作原理及操作。

　　團隊原本設想要讓孩子 step by step 操作電腦撰寫 App，但後來發現教會中只有 3 臺電腦，而且設備老舊也無法上網。後來臨機應變改由讓孩子操作平板，並且分組進行電動車操作。

　　「哇賽！我們車子是第一名耶！超厲害的！」活動的最後，生醫系的學生讓孩子們進行簡易的分組競賽。孩子們閃閃發亮的眼睛，對於資訊技能的渴求已埋藏在他們的心中。

　　「我好想再玩啊！」一個孩子好遺憾地揹起書包準備回家。

　　「我也是！」「我也是！」此起彼落的聲音迴盪在教會內。

　　志緯沿著騎樓，慢慢地走回家。

　　「阿嬤，我回來了。」志緯拉開家門，朝向昏暗的室內喊著，「我有帶炒飯回來喔。」並把便當盒放在客廳的小桌子上。

　　「好！好！乖孫啊！」

　　「阿嬤，我跟你說喔，今天我學會用平板操作電動車了喔。就是像遙控汽車，我們這組還拿到第一名喔。我覺得會寫程式的哥哥姊姊們好厲害。」志緯發現學習原來是這麼快樂的一件事。

　　「志緯，謝謝你幫忙貼海報與佈置活動場地。」

　　「老師，不用客氣。我很高興能幫上忙。」經過這一學期的相處，志緯漸漸敞開心房，也懂得把禮貌表現出來。「我好期待接下來的暑假營隊喔！希望暑假趕快來！」

　　學期間，團隊除了針對孩童開設課後活動之外，也辦理親子教養講座，希望把教育教養的種子傳播下去，讓更多的家庭有機會了解並正視孩子們的學習。淑貞主任曾說過：「不只要教會孩子們

釣魚，還要讓他們有能力為自己準備釣具，教導孩子如何將釣來的魚發揮最大的效用。」團隊裡的大學生們也逐漸體悟教育使人開拓視野的重要。

經歷過這些活動，團隊在備課期間積極調整引導方式並且針對夥伴們的溝通技巧進行再培訓，以求提昇更有效率的教學手段。讓大學生藉由教學，以釐清並整理內化這些知識之後輸出，而學童們能有效率的吸收知識，更能開拓視野，這對於參與計畫教學的學生或是國小學童是雙贏的局面。

仲夏時節，薰風陣陣。竹子坑教會內，正進行著為期三天的營隊活動，參與的國小學童約有 50 位左右。

「小彤，你的力量要輕一點啦。佑佑，你的繩子要用力拉啊！」志緯一邊拉著繩子、一邊指揮著隊友們，試圖想要讓中間那隻被數條繩索所共同控制的大筆在地板上寫出一個王字。「神來一筆」這個活動是要讓孩子們了解團隊合作的重要性，同時讓孩子們快速融入團體。

「我們寫出來了耶！」孩子們聚在一起歡呼著。

「嗯！對啊。你們做得很不錯耶，很快就掌握到要領了。」阿翔笑笑的對孩子們說。

「謝謝阿翔哥哥。那是因為我們是最棒的隊伍啊。」志緯很驕傲地回覆。曾幾何時，那個上課心不在焉、為了點心衝撞老師也不道歉的孩子，似乎有點不一樣了。

下午的「活腦小尖兵」活動，由亞大生醫系學生事先撰寫 App，團隊準備了 30 台平板，並介紹操作方式與功能，讓孩子們

直接操作遊戲進行闖關。透過生動有趣的遊戲，教導學童了解基本醫學知識，並啟發孩子們對資訊科技產生興趣。

「可惡！答錯了。正確的答案是：血液的組成包含了 55％的血漿和 45％的血球。」佑佑把 App 上顯示的正確答案念了出來。

「沒關係，現在我們不就知道正確答案了嗎？」小彤附和著。「趕快來看下一題吧。」

「程式原來能做這麼多事情、也有好多功能，會寫程式的老師們好厲害喔！」志緯心裡想著。很快的，第一天的活動就在孩子愉快的笑聲與驚嘆聲中度過了。

｜教導學童使用平板電腦。

第二天由光通系學生帶領學童動手製作環保綠能電扇，「發光風火輪」的活動深受所有孩子們的歡迎，畢竟在炎炎盛夏，涼風是最享受的禮物。

　　「我的風扇是七彩霓虹燈的光芒耶！好炫！」佑佑很開心的跟同學分享著，「而且吹出來的風好涼喔！」

　　在孩子們彼此分享自己手作風扇的同時，亞大光通系學生介紹什麼是智慧照明、什麼是綠色能源，希望能增加學童對節能、環保的概念，並且提升對科普的興趣。

　　第三天則是視傳系學生所設計的課程「我是畢卡索」，以「我的未來不是夢」為主題，帶領學童彩繪未來志向，希望從中激發學童內在的追夢動機。

　　「志緯，你畫的是什麼？一台電腦、一台平板，還有滑鼠與鍵盤。你想當什麼啊？」若涵好奇的問道。

　　「我想當資訊工程師啊。我想寫很多很厲害的程式，讓很多人都下載我寫的 App 使用。」志緯從畫紙中抬頭看著眼前的大姊姊老師。

　　「嗯！那你要努力學習喔。以後一定能達成你的夢想的。」

　　「老師，我想當太空人。」小凱把畫紙遞到若涵面前，只見一片深藍的星海，飄浮著一個戴著太空帽的小男孩。

　　「小凱，你畫得好漂亮喔。」若涵鼓勵且讚嘆著。

　　「謝謝老師。因為我真的很喜歡星星嘛！未來我想當太空人！」小凱笑著瞇瞇眼了。

｜ 培養學童資訊能力。

## 作品集結義賣，讓愛延續

營隊結束後，亞大團隊將孩子們的作品集結成年曆，進行多次義賣活動，並將所得全數捐贈給健民國小及竹子坑教會做為學童課後輔導基金。

「志緯你看，年曆的封面是我畫的太空人耶！」竹子坑教會的孩子們拿到有著自己作品在內的年曆，每個都高興地不得了。

「我的工程師也在畫冊裡面啊。」志緯也跟朋友們炫耀著。

「各位小朋友們，請坐好。接下來請每個叫到名字的人到前面來選擇自己的聖誕禮物喔。」教會志工們將亞大團隊所募集而來的禮物，一一分發給每個孩子。

「哇！我拿到最喜歡的太空人玩偶耶！」小彤好興奮。

　　「哈哈，我拿到的的是皮卡丘。」「我的是角落生物。」孩子們此起彼落的驚嘆聲透露著大大的滿足。

　　看著這麼多孩子的笑容，參與活動的成員們覺得自己的付出非常有意義。

| USR 成果展暨學童年繪年曆義賣，左為詹雯玲老師，右為竹子坑教會教學老師。

Industrial upgrade

# PART 4

# 產業升級

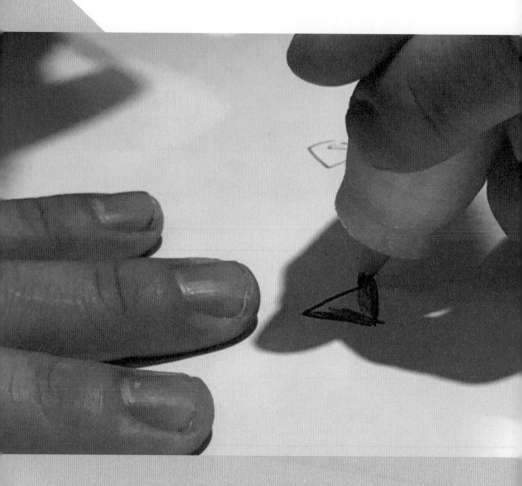

一個起心動念，師生齊力研發 3D 列印握筆輔具，造福腦性麻痺患者！
亞大學生將所學學以致用，將專題研究應用在協助研究腦性麻痺患者的輔具
上，藉由老師的專業協助、家長的愛與耐心，終於讓握筆輔具開發成功。
3D 列印技術更趨成熟，跨足各項產業！
隨著 3D 列印技術的成熟發展與普及，亞洲大學多維列印高效材料研發中心
未來亦將跨足更多產業類別，像是醫療及復健輔具上，以幫助精準醫療的發
展，造福人群。

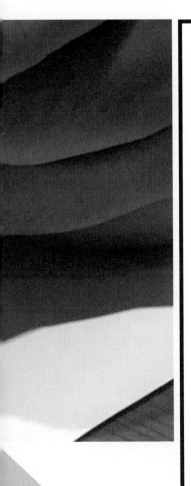

# 書寫的愛──<br>3D 列印握筆輔具製作

| 十五 |

**聯合國永續發展目標 SDGs**

**作者檔案**

**沈育芳**

資訊電機學院生物資訊與醫學工程學系

現任生物資訊與醫學工程學系助理教授，曾獲 2019 年國家學研新創獎、2020 年國家新創精進獎，並於多維列印高效材料研發中心進行研究與開發。多維列印中心以提供醫療產業客製化且創新解決方案為主要目標，希望能發展前瞻且平價之 3D 列印醫療產品，幫助弱勢族群提升生活品質。

**郭芸慈**

多維列印高效材料研發中心

現任多維列印高效材料研發中心研究助理，參與多維列印高效材料之研究與開發，並輔導亞洲大學 3D 列印社團。希望透過參與多維列印高效材料之研發，幫助弱勢族群提升生活品質。

**潤稿**

**賴昭吟**

通識教育中心

彰化師範大學國文系文學博士，現任亞洲大學通識教育中心副教授兼課外活動與服務學習組組長，研究專長為國語文教學、古文字學，教授「文學賞析」、「報導文學」等課程。

科學的事業就是為人民服務。

—— 托爾斯泰

## 緣起：一位同學的善心起念

　　至亞洲大學生醫系任教前，我在中國醫藥大學附屬醫院的 3D 列印醫療研發中心擔任博士後研究員（現更名為多維列印醫學研究及轉譯中心），進行有關生物列印等相關 3D 列印研究。很幸運地，在 2017 年 2 月起至亞洲大學生物資訊與醫學工程學系任教，開始教學生涯。4 年來，除了授課與學術研究外，3D 列印蔚為顯學，驅使學生擁有高度興趣，與我一同進行研究專題計畫越來越多，同時，我也希望學生可以依照自己當學生時期的經歷，循序漸近地進行實驗研究。

　　期間，有一位剛升大四的林同學向我表示，他希望可以加入我的研究團隊，因為他在暑假期間進行實習，所以沒有時間同時製作專題，但他面臨到期末專題發表的壓力。也因此，我必須盡速地與林同學討論專題研究。

　　討論過程中，林同學對於 3D 列印可以依照自己的需求進行繪圖，進而列印出物件感到相當有興趣，他提出他平時會陪同家人一起去伊甸社會福利基金會開設的才藝繪畫班，或許可以透過 3D 列

印幫助需要幫助的人。

## 目標：為腦性麻痺患者開發輔具

　　由於林同學在伊甸基金會擔任志工，長期幫助身體行動不便的患者。在擔任志工期間，他注意到小明雖然是一位腦性麻痺患者，但是家人和自己都很積極的做復健和參加伊甸基金會開設的繪畫課程，在課程中有很大的進步。

　　小明雖然無法像一般的孩子正常跑跑跳跳，但是他可以緩慢的一步一步往前行，也可以近乎正常地與人對話，只是因為腦性麻痺的原因，無法像一般人拿起筆來揮灑自如。一般人日常生活中再正常不過的事，但是對於輕度腦性麻痺或中風所造成手指無力或不自覺過度出力的患者而言，要能好好寫字或繪圖，卻是難事一件。

　　為了培養小明的興趣，他的父母定期帶他上繪圖才藝班，然而，因為他的身體狀況，卻也遇到的一個相當大的難題，市售的輔具並無法實際改善手指無力症的問題，若是強迫學習使用，反而造成使用者不適，讓使用者更加排斥練習寫字或繪圖。

　　小明的媽媽為了讓他能在舒適的情況下繼續做最喜愛的繪圖，自行幫他製作輔具，她一次又一次的實驗，最後利用羽球拍握把布捆綁畫筆，再依小明手指寫字或繪圖時，依最舒服姿勢決定繞的圈數，解決了握筆的問題。

　　然而，因為羽球拍握把布的質地較為粗糙，長久使用下會因為磨擦而感到不適。由於每個患者的身體條件不同，市售輔具無法有效解決有關手指無力症的問題。這也是讓我與林同學決定透過3D列印技術可客製化的特性，進行握筆輔具的設計。

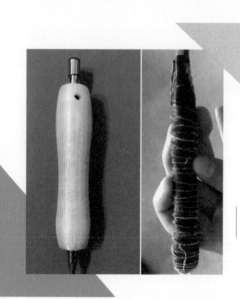

3D 列印握筆輔具（左）與個案媽媽
設計握把布製作的輔具。

## 完成：幾經試驗，終於達到最佳舒適度

　　初期，林同學與我從一開始就以能最快設計並製作出幫助小明的輔具為目標，所以林同學先參考國外設計的輔具進行 3D 列印。雖然想像著參考國外設計的輔具一定能幫助小明，但是我們一般人認為列印品質良好的輔具，對小明來說完全不適用。從起初的經歷讓我們深刻的體會設計一個產品，除了美學或是看起來很酷炫的設計遠遠比不上實用性的重要。在過程前期有幾次討論會較無突破性的進展，尚無法有效地解決問題，小明的父母還特地到學校討論，舟車勞頓的辛苦不足為外人道，非常感謝小明的父母能夠給予我們信任與建議，讓我們深入了解手指無力症患者，想要寫字、繪圖時的困難。

　　然而在溝通的過程中，我們決定將方向改為研究小明媽媽已製作好的握把布筆，實際丈量外型尺寸，並同時設計不同的寬度與

曲度，讓小明選擇自己最舒服、且可以工整寫字、繪圖的握筆輔具筆型。

　　雖然有一個最合適的輔具，但是因為製作採用的是 3D 列印常用的 PLA（聚乳酸）材質，質地及硬度跟一般的塑膠近乎相同。但小明的手比常人較為敏感與脆弱，所以使用上還是無法達到最佳的舒適度。將心比心，我也曾試過長時間書寫，中指因一直抵著筆而有壓痕，也會產生不適感。因此，如何增加握筆的舒適度成為首要課題。

　　就在試過多種嘗試之後，靈光一現，團隊想到常見的筆有一款是類似矽膠的彈性的軟性材料圍繞，可以減少長期握筆而導致手指關節或肌肉變形，也增加舒適度。一般 3D 列印是使用 PLA 的線材，列印材質無彈性。由於希望製作的握筆輔具具有彈性和緩衝力，我們針對列印材料進行討論。我們討論中想到只要將 3D 列印的材料由硬質地的 PLA 更換為具軟性的特質的 TPU（熱塑性聚胺酯），應該可解決因輔具材質而不適的問題。因此最終選用具有彈性的 TPU 的線材列印。但過程中仍需要多花時間找出適合 TPU 線材的列印參數。另外，彈性軟材較易列印失敗，所以需要花較多時間獲得完整成品。後來又依現實面的考量，不可能為每一隻筆都裝上 3D 列印握筆輔具，我們再設計各種尺吋的輔具筆頭，讓小明可以替換不同顏色的色筆，讓我們承接的第一個設計案有一個完美的句點。

　　我們分別使用小明媽媽自製的握把布筆、市售握筆器、文獻公開分享的手指筆及我們設計的 3D 列印握筆輔具，由小明測試不同的輔具，並比較畫線與寫字的結果。市售的握筆器，因為小明進行書寫時，讓小明覺得非常不舒服，所以無法完成書寫；手指

筆則無法一次書寫較為複雜的字；我們參考小明媽媽的筆套，設計的 3D 列印握筆輔具，使用彈性軟材，其書寫的結果與其自製的握把布筆相似，但握筆舒適度遠高於握把布筆，如圖二所示。透過此次的 3D 列印握筆輔具設計可以讓小明藉由此握筆輔具任意進行彩繪與書寫。客製化握筆輔具，藉由客製化的寬度、曲度、軟硬度與長度的設計，幫助小明擁有更舒適的寫字姿勢，並掌握抓握的力度，在書寫及繪圖上，改善了字體扭曲及著色不均的問題。如圖三所示，可以看出小明使用 3D 列印握筆輔具可以輕鬆的均勻著色，而使用小明媽媽製作的輔具，小明需要較大的力氣控制筆。

各輔具測試畫線寫字

| | 畫線 | 寫字 |
|---|---|---|
| 自己本身的套子 | | 馬 |
| 市售的握筆器 | 無法測試 | 無法測試 |
| 文獻中的手指筆 | | 無法測試 |
| 印出來的筆套 | | 馬 |

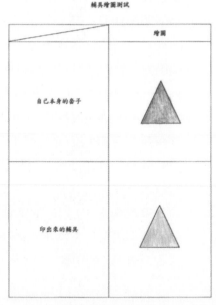

輔具繪圖測試

| | 繪圖 |
|---|---|
| 自己本身的套子 | △ |
| 印出來的輔具 | △ |

｜ 測試不同的輔具所畫線與寫字的結果。

｜ 3D 列印輔具與媽媽製作的輔具繪圖著色結果。

## 感動：學以致用，讓夢想變可能

　　這項研究的成功，讓我深刻的體會到許多生活上我認為輕而易舉的事情，對某些人來說是非常困難。因為手指無力症而無法正常的控制手能流暢地寫字，需要一筆一筆的控制書寫，也因此在寫字時，需要出很多力氣，額頭上的汗水，讓我對小明的毅力非常佩服。小明個性非常害羞，但是他相當有禮貌，可見他的父母用飽含愛教育觀念帶領他。看到小明的父母，每次不辭千辛萬苦帶他到亞洲大學與團隊討論，天下父母心的感動溢於言表。並且也多虧小明媽媽的創意，讓團隊在設計過程中增添更多靈感。經過幾個月的討論與設計製作，林同學覺得藉由專題的完成不但能符合畢業資格，又能幫助小明覺得相當感動並富有成就感；而小明的父母也對我們能幫助小明設計握筆輔具，改善他的生活不便，進而提升他的方便與舒適性表示由衷感謝。隨著 3D 列印技術的成熟發展進而幫助客製化商品的普及，尤其在醫療及復健輔具上幫助精準醫療的發展，造福人群。亞洲大學多維列印高效材料研發中心的同仁、老師與同學共同努力及不斷堅持地設計客製化的輔具，讓夢想成為可能。

鮭魚返鄉！從田徑場上的運動員，變身為拯救傳統養殖場的 AI 研究員。
年輕學者將異國所學貢獻故鄉，開發智慧養殖系統，提升傳統養殖層次，解決環境衝擊與技術傳承問題，開啟另一扇年輕人返鄉之門。
努力發現傳統養殖困境——人力不足、水質、水溫無法有效控制、寒害天災、及流行病；結合現代科技與養殖前輩經驗——改以自動化投料、建立大數據、智慧化管理，有效提升傳統養殖安全與產能。

# 從田徑場到智慧養殖——我的返鄉夢

| 十六 |

## 聯合國永續發展目標 SDGs

## 作者檔案

### 王昭能
資訊電機學院生物資訊與醫學工程學系
現任亞洲大學生物資訊與醫學工程學系副教授,為回饋鄉里,特與工研院和水試所等單位合作,開發智慧養殖系統,解決環境衝擊與養殖經驗與技術的傳承問題,喚回家鄉漁民的笑顏,並幫助北門年輕人回鄉路更近。

## 潤稿

### 陳峻誌
通識教育中心
中興大學中文系文學博士,現任亞洲大學通識中心專案助理教授,開設文學與生活等課程,深耕文史,文學造詣深厚,喜好觀察,認為文學自在生活中,無事不可以書寫,任何小事透過有趣的心思就能成為好的文學作品;尤好民間信仰,為太歲信仰研究專家。多年來引導學生認識霧峰、探查鄉土,成績斐然,並協助多位教師共同編撰文稿,樂於運用專長服務學校、奉獻社會。著有現代詩集《我也》。

太多人沒有去實踐他們的夢想，因為他們去實踐恐懼。

—— 萊斯 · 布朗

家鄉很窮，但我志不窮！

我出生於臺南市北門區，舊地名為北門嶼。北門位於臺南市最西北邊，鄰近嘉義布袋，前幾年做了一棟水晶教堂，變成熱門景點。常聽老一輩說北門的地形三面鹽田一面海，也代表北門的產業的縮影。

## 爺爺不忍晒鹽苦，勸學向上

北門早期主要以鹽田與養殖為主，爺爺與奶奶從 16 歲開始每天早上 5 點起床，跑到 10 幾公里外的學甲市場賣虱目魚。我記得國小三年級時，下課就是到鹽田裡幫忙晒鹽，小孩不知晒鹽的辛苦，當時只覺得很好玩。每次中午收完鹽田之後，爺爺總是板起臉訓斥嘻嘻哈哈的我：「大漢以後要好好讀冊，嘜像阮晒鹽兼賣虱目魚。」

經過爺爺每次午餐的洗腦，以及逐漸體會到晒鹽的辛苦，我開始想要當一位老師。但當時的我成績都是吊車尾，總覺得夢想

離我很遠。幸好在國小四年級的時候,一位老師發現我很會跑,拉我加入北門國小田徑隊,第一次參加臺南縣縣賽就拿到不錯的成績。於是我心裡開始想:「以後當體育老師也不錯!」就這麼展開我的體育人生。

可惜美夢很短暫,到了六年級,爸媽認為體育在臺灣沒有什麼出路,當體育老師不算是真的老師,希望我繼續念書,要中斷我的體育之路。由於北門的學習風氣不佳,於是我跨區到佳里國中就讀。當時我也是這樣想,我要好好讀書。然而上天又再給我的天賦一次機會,在校慶時,體育老師發現我很會跑很會跳,就邀請我進入佳里國中田徑隊。

我心想我跟體育的緣分還沒有斷,開始偷偷練習。但紙還是包不住火,參加臺南縣縣賽拿到佳績,成了被抓包的破口。本以為完蛋了,但爸媽也知道這是我的興趣、我的才能,慢慢轉為接受與支持。

一切都很美好,於是我拾起對爺爺的承諾:「當一位老師。」所以我開始思考如何成為體育老師。剛好北門農工成立第一屆體育班,這是個很好的升學機會,我立刻報名參加考試,並幸運錄取。

北門位於臺南市最西北邊,地形三面鹽田一面海,也代表北門的產業的縮影。早期主要以鹽田與養殖為主。

## 一席話，改變我的人生

就在覺得離體育老師的願望越來越近時，傳說中的低潮來了。

在高中時我是練 110 跨欄與 400 跨欄，到了高二時發現自己的成績到了瓶頸。剛好有一次機會可以前往美國阿拉斯加參加比賽，僑胞設宴招待我們這群小國手。這是一場改變我人生的晚宴。當晚的情況我至今記得很清楚，華聯會會長跟我說：

「你們的表現很優秀，為國爭光很好，但在臺灣體育環境不是很健康，除非你異常優秀，否則這條路走不久。你還年輕，如果你想改善家裡環境或是改變家鄉，那你就要好好讀書，只有知識能讓你獲得改變的力量。」

正值體育生涯低潮的我，會長這段話讓我如夢初醒。從美國回來之後，我開始思考，我真的還要走體育這一條路嗎？我找上教練討論，說我想要讀書。

本以為教練會罵我不自量力，結果他反過來支持我，並要我不可放棄田徑的天份。因此高三時，我一半的時間在教室裡讀書，一半的時間在田徑場上練習。每天早上 5：30 起床開始晨跑，晚上則是讀書讀到 12：00，對於課業成績不佳的我，真是身心磨難。

到了要考大學的時候，選擇了重視體育的中華醫事科技大學，就讀生物科技，開啟了不是在實驗室，就是在田徑場的大學生活。然而有所謂「泡實驗室」一說，常常要幾天幾夜待在實驗室等成果，這讓我想離開去練田徑就很為難。於是指導老師建議我轉去學習不用窩在實驗室的生物資訊。

當時聽到生物資訊名詞，只看到資訊就是玩電腦，就覺得很有趣，也因為這樣我開始踏進生物資訊領域，並重新建構我美好

的大學生涯。我期盼大學四年可以一邊往體育老師之路前進，另一邊可以好好讀書，隨時做好轉走另外一條出路的準備。結果上天給我意料外的考驗，在大二的時候，跟一群好友到臺南市體育館打球，竟把腳摔斷了！這宣告我體育之路也斷了。

當時心裡很複雜，體育夢碎了，也無法成為體育老師了。我該怎麼辦？

沉思很久，我發現還有另外一條路可以走，那就是生物資訊，如果能成為大學教授，依舊可以圓夢。已經無法繼續跑跳的我，把全部的心力放在學習，可是直到大學畢業的前夕，才終於體認到自己專業能力不足，就這麼畢業了也許可以當一名工程師，卻無法成為老師。

跟家人討論之後，決定攻讀研究所。當時只有交大、清大與亞大有生物資訊研究所，前兩間都在北部，於是我選考了亞洲大學生物資訊學系碩士班。當時我將我大學的專題拿來報告，主要是研究不同國家玉米序列，獲得面試委員們的賞識，順利考上了亞洲大學——這個我人生的轉淚點。在看似一帆風順的海面下，體育選手出身的我，卻也因為這樣的背景讓許多教授多所疑慮，終致找不到指導老師。

幸好系主任介紹我一位美國回來的資訊電機教授，也就是我恩師之一的美國加州爾灣大學許承瑜教授，主任認為如果我能跟在許老師之下，一定大有所成，於是我就犯著傻勁寫信給許老師毛遂自薦。其實根本沒想過會有好消息，然而許老師竟答應收我為指導學生，真是我上輩子修來的功德吧！此外，許老師還邀請了電機專業的蔡進發校長擔任共同指導，實在畢生榮幸，我的人生隨後也將在蔡校長的牽引下，越發燦爛。

## 赴美求學，開拓我的眼界

許老師得知我想要跨領域連結資訊與生物醫學，覺得這是一片很有前景的藍海，他不嫌棄我的運動員出身，反而從頭有系統地教導我。許老師要我在碩士期間學習三種語言：英文、程式語言以及數學語言。他說程式是與電腦溝通的語言，數學是跟科學溝通的語言，英文則是將自己的研究成果分享到國際的語言，缺一不可，這三種語言必須做為我的終身學習。畢業時，蔡進發校長與許承瑜老師建議我攻讀博士班，不過建議我可以跟隨許承瑜教授到美國加州大學爾灣分校學習，並同時增進英文能力。到這時，我的人生已經遠遠超越了童年的夢想，有了更加得遠大而崇高的目標。面對這樣的學習規劃，我做夢都沒想過，當下直接答應說好！於是，我展開了負笈美國之旅。

人們總說「行百里路，勝讀萬卷書」，我行百里路，並且讀萬卷書。到美國學習讓我打開了不同的視野，我開始想起我的家鄉與爺爺當初的叮嚀：不只是「當老師」，而是要做個「有用的人」。我心裡的願望不再死守著「當老師」，更逐漸萌生「回饋家鄉」的念頭。在美國的日子裡，接觸到前所未有的思想衝擊，越來越覺得只是空想是沒有用的，必需要有實際的行動。

順利拿到博士學位之後，在學界有了一些些成績，對自己的能力有了一些些自信，我體悟了做事要腳踏實地，要從基礎做起，於是回到臺灣第一年，我開始思考北門面對的問題究竟是什麼？

## 將所學奉獻給故鄉北門

北門青年外移很嚴重，像我這一輩的人，還常常回到家鄉走走的遊子屈指可數。所以我糾集一票有志的青年，利用各種管道

並配合雲嘉南觀光風景處,規劃了北門觀光。記得當時北門水晶教堂的熱潮把小小的北門巷弄擠得水泄不通。但當風潮過了,人又散了,顯然沒有堅強的在地產業做後盾,出外遊子就不可能回來。我盤點北門產業以養殖業與農業為主,農業最大宗是紅蔥頭與蒜頭種植,但紅蔥頭與蒜頭一年只能收一季,無法長期作為經濟來源。於是我開始思考養殖業。北門的養殖業從早期就很發達,全鄉到處是魚塭,卻不足以成為吸引遊子返鄉的誘因。我拜訪了北門地區養殖業前輩以及回鄉養殖的青年,試圖找出問題。

│ 北門青年外移嚴重,像我這一輩的人,還常回家鄉的遊子屈指可數。

　　經過我的研究發現，傳統養殖有著人力不足以及無法有效控制水質、水溫的問題，年復一年寒害、流行病等，都因為來不及發現而損失慘重。盤點完問題，我突然靈光一閃：我的專長可以來協助養殖呀！於是我一頭栽進了自動化養殖的領域。

　　這時剛好搭上 AI 元年的啟動，我深深覺得智慧養殖必可很大程度解決北門養殖業的問題，從此以後，智慧養殖就成為我的志業與使命。

　　我深信透過我的專業知識，結合養殖前輩的經驗，可以協助養殖業提高產值，並降低養殖風險，如果智慧養殖成功，造就了新的更好的工作機會，年輕人就會想回鄉居住，北門就有機會擺脫困境。可是我沒有養過魚，大家都覺得我是外行人，但我跟他們說：「電腦會揀土豆，當然嘛會飼魚仔！」。也有長輩笑：「你讀到博士，卻給我回來養魚，你是不是走錯路？」總之，沒有人看好我。但憑著我一位體育選手不服輸的精神，加上受過堅實的學術訓練，我閱讀大量養殖知識並親自拜訪資深養殖戶，終於有幾位長輩願意給我機會。

　　經過幾年的摸索與測試，長輩們看見我的決心，以及我這次帶回來的「AI 養魚」有別於傳統機械性的自動化投料，能有效提升傳統養殖安全與產能，進而改善傳統需要顧魚池的窘境，並且建立大數據，方便推動產業管理智慧化的方向發展，對銷售面也有正面的提升。雖著時間推移，長輩們慢慢肯定我、疼惜我，願意一起與我前進智慧養殖，有了更多養殖戶加入我們的陣容，共同朝著築夢之路邁進。

　　幾年來，我深深體會了心存善念默默實做，路上就會有很多等著幫忙你的人。

　　亞洲大學重視大學社會責任，讓學生所學有所用。我的智慧養殖很幸運地得到學校的支持，慢慢地、慢慢地越來越多人看到成績，工研院與水試所深耕多年智慧養殖團隊也給了很多的協助，於是我在智慧養殖的路上夥伴越來越多，這也告訴我，從田徑場到養殖場，幫助北門年輕人回鄉的路更近了。

智慧養殖很幸運地得到學校的支持，慢慢地、慢慢地越來越多人看到成績，於是我在智慧養殖的路上夥伴越來越多，這也告訴我，幫助北門年輕人回鄉的路更近了。

為傳統農業注入智慧科技，讓全民購買農產得心安！

遍訪地方小農，找出傳統農業困境——

產地價格低，消費端價格高，價差遭中間商賺走，農民辛苦耕種，卻利潤薄弱；農民無法建立自我品牌，命脈操之在他人。

AI 與區塊鏈結合，讓消費者安心，讓生產者獲利——

透過智慧農業的發展，消費者可直接跟農民購買農產品，不假中盤之手，消費端的價格更合理，農民獲利也更踏實。透過科技註記，消費者購買時可以瞭解農產品的履歷資料，不怕購買到假貨，保障消費者，也保障農民。

# 全民為中心之 |十七|
# 智慧農業

## 聯合國永續發展目標 SDGs

## 作者檔案

### 薛榮銀
資訊電機學院資訊工程學系
現任亞洲大學資訊工程學系講座教授兼人工智慧中心主任，研究專長包括區塊鏈等領域，為解決傳統農產運銷系統，致力於開發智慧農業品質、品牌雙認證平臺，讓消費者了解農產品品質並有效協助農民建立農產品牌，以維持農民生計。

### 陳正平
通識教育中心
東海大學中文系文學博士，曾任建國科大專任講師、副教授、靜宜、東海兼任講師。現任亞洲大學通識教育中心專任教授，並擔任國文類召集人。教授「文學賞析」、「文學與生活」、「唐詩趣談」課程。專著有《唐代游藝詩歌研究》、《庚子秋詞研究》、《唐詩趣談》及〈論唐詩在唐代民俗研究之價值〉、〈李商隱詩中的民俗及其意象〉、〈唐代的「踏歌」之風〉……等期刊論文，現在主要致力於唐詩、游藝詩歌、民俗文學、文藝美學等方面之研究。

科學的唯一目的是減輕人類生存的苦難，科學家應為大多數人著想。

——伽利略

## 智慧農業從學校的一門課開始

就在我剛來學校不久時，學校讓我開了一門「區塊鏈」的相關課程，透過區塊鏈的知識與學生分享我的經驗及技術，使得學生與我都能教學相長。我依稀記得，當時互動的過程中有一位學生提出家裡是務農種田的，希望畢業後能留在家裡協助幫忙做事，並覺得「區塊鏈」的理念好像有幫助，於是，我們共同思考著「區塊鏈」究竟能幫農業做些什麼。說來得巧，那時有一個特別的機緣，我與前客家委員會的主委李永得接觸，聊到了客家庄的農業需求，李主委提到市面上很多臺灣茶葉因為造假的情形造成市場混亂，特別是東方美人茶，希望我能協助他們的產品做溯源與推銷。經過深入的了解與對談，我們一拍即合，並向政府提出了智慧農業的計劃申請，也很有幸的獲得政府的支持。沒想到從學校的一門課，到政府相關部門的許可，最後加上我們自己的「區塊鏈」技術，讓智慧農業計畫就此開啟，把「區塊鏈」的理念與農業結合，也算是一項創舉。原先的想法很單純，純粹是想幫助自己的學生，讓他們可以在畢業後協助改善家中的農業，而不必離家百里北漂工作，藉此協助

青年返鄉，並且能夠建立品牌。對於農村目前的問題，在於花了很多力氣、時間生產農產品，使用者拿到農產品時不知道是真是假，再加上中間價差都被中盤商賺走了，農民所得不多，所以我們希望建立一個系統，協助小農建立自我品牌，也讓使用者能知道產地履歷，吃得安心。讓農民有自己的平臺，可以擴展平臺效益，消費者者也可以買到比較安全的產品。這項計畫的初衷就是：希望青年返鄉，用新科技協助老農，讓農業結合科技轉型。

## 拜訪地方小農發現問題癥結

一開始我們拜訪很多農家，感受到城鄉間的差距非常大，他們都有一個共同的問題點，就是辛苦生產出的農產品得不到該有的獲利。以茶葉為例，一斤賣給盤商兩千元，可是到消費端時，消費者可能是以一斤一萬兩千元買到，這中間的價差非常大，如果我們的系統可以協助他們建立品牌，只要能賣到一斤四千元，他們即可多獲利一倍，而消費者直接以更便宜的價格買到好東西。這讓我們意識到，執行此計畫對整個農業將會是有幫助的。但執行時才發現，這中間要牽涉到相當多環節，我們需要多一些政府支持：像是農藥殘留需要政府機關來驗證或把關等。所以我們這套系統，也要與政府系統連結才可運作。

前往鹿谷鄉農會探討農業的起源與歷程，並在鹿谷鄉農會與學生進行大合照留念。

以目前現況而言，政府只提供一張檢驗報告，證明其農產品沒有施灑農藥。只是站在消費者立場，如果沒有一個可以完全認證的系統，消費者無從辨識真假。隨著時間推移，我們越做越發現責任重大，問題也一一浮現；接觸的人越多，需要結合的單位也越多。雖然困難重重，但也是一份非常難得的經驗。執行計畫期間，新竹、苗栗兩地奔波，甚至還跑到合歡山看製茶。我們跟學校借了一輛車，就這樣帶著學生一路開到合歡山上去，因為農民製茶需要 48 小時，所以還在山上住了一晚。印象中，那天要下山時還遇上了大風雨，清境農場的那一條路崎嶇泥濘，大家心裡還想著要不要多住一天，只是學生仍要上課，所以還是硬著頭皮開下山了。

走訪各地後，發現臺灣的農業都面臨到上一代要交接給下一代的關鍵時刻，此時還是需要有一些新的推動力。上述的這位亞大學生，就學時曾在亞大美術館打工，藉由校長夫人的介紹，得知這位學生家裡種植茶葉，家裡的茶葉由他父親獨自耕耘，由於父親年紀日增，面臨到家業如何傳承下去的問題。相對地，這也是目前臺灣農業所面臨的困境：老一輩逐漸凋零，新的一代如何承接與傳承。老一輩的農夫不會使用電腦，很難推廣產品，而年輕一輩有電腦基礎，可以將電腦新科技帶入農業，為傳統產業帶入新的契機。從學習如何種植製茶，經營、管理、產銷，對年輕人也是一項考驗，更是很好的學習機會。我們也特別邀請這位學生的父親來學校為我們學生開課，在課堂上演講如何種茶、如何喝茶，以及將茶葉文化帶入教育中，讓學生真實體驗。演講堂上學生反應非常好，整個演講堂上座無虛席，也提出不少具有深度的問題，茶農父親也回饋踴躍的學生，帶來自產的茶葉讓學生體驗品嘗，學生一品嘗才發現原來臺灣茶這麼香、這麼淳、這麼甘

甜，且不同的茶種留在舌尖、舌中上的餘韻也不盡相同。也因為此次的演講，讓學生們更關切我們農業、茶葉是如何栽培與培育，我也很高興能有機會將這些實務的經驗帶入校園，給年輕人一個新的體驗。讓學生學習新的技術跟父執輩溝通，這是一個新的轉型，也是一個新的契機，期許傳統農業能在年輕一輩的人身上發揚光大。

邀請知名茶園創辦人進行演講，引領對於智慧農業有興趣的同學一起探討從過到現在、從傳統到智慧農業的過程及經歷。

學生品嘗知名茶園創辦人自產茶葉，品味臺灣茶的香、淳、甘甜。

## 讓消費者安心，讓生產者獲利

透過網路平臺購物，我們發現了一個共同的問題，消費者無法從樣圖中辨識貨源真假，不論是從 PCHOME 網路平臺抑或從其他電商網路平臺訂購鳳梨、蘋果或茶葉等，無法使消費者產生信賴，以致於電商平臺上買到的東西都會令人產生疑慮，退卻萬分。因此，我們決定用其產品本身的物理特性來對產品產生連結，並將這個方法當作我們的發明，提出專利申請。我們的專利可以在

虛擬世界與實體世界中，用一個無法否認的特徵來做標記，這個標記需要使用 AI（人工智慧）的技術找出產品的特別之處，並把它記在「區塊鏈」裡，用「區塊鏈」以及 AI 的技術讓產品具有識別價值，當消費者選購這項商品時，可以確保買到商品的真實性，避免購買假貨的風險。

我們技術可以明確告訴消費者這項商品的來源，這也是我們在技術上一個特殊的突破。然而，建立所謂消費者相信的觀念，乃是根基於將 AI 技術與「區塊鏈」連結在一起。如此一來，消費者也能明確知道商品的真實來源，用得安心、放心。同時，這項專利技術可以運用在很多方面，這是我們執行此計畫之成果及成就的部分。

與林田富產學長（現彰化縣副縣長）前往鹿谷農會與農會理事長、農民們交流。

## AI 與「區塊鏈」的結合，前景可期

在 AI 與區塊鏈結合的過程中雖然面臨很多問題及挑戰，但我們一步一步地解決了。前面提到的為產品產生連結，像是部分茶葉、皮包、珠寶等，我們都克服了。但是面對不一樣的農產品，像是豆腐乳、米、醬菜、東方美人茶、茅臺酒等，我們還在思索該怎麼將這些產品與如實體連結起來。雖然普洱茶的連結我們做得很好，但有些農產品因為物理特性的關係，無法用 AI 對比（分析），所以我們必須找出這些產品的物理特性才能順利產生連結，

雖然不能保證所有的農產品都能做到最好，但我們仍希望在一個許可的範圍內能夠得到協助，並且從農業面擴展到其他的領域。就目前來說，AI 及「區塊鏈」結合的未來仍很具發展性。

## 刺激學生想法，期待有朝一日付諸實現

在學校開「區塊鏈」這門課這麼多年，有時只是一個想法隨口說出，背後就是一個有趣的計畫，這三四年來，學生們已經提了三、四十個不同的計畫案，有些想法天馬行空、有些想法創新新穎。例如，學生提出要用「區塊鏈」去管理流浪狗，而「區塊鏈」跟流浪狗之間的關係在哪裡？一般沒接觸過區塊鏈的人可能很難想像他們之間的連結；又比如先前鬧得沸沸揚揚的租屋新聞體現了租房子的糾紛問題層出不窮，同學就提出要用「區塊鏈」管理租屋，雖然還沒深入的規劃如何使用「區塊鏈」解決這個問題，但我覺得學生提出這樣的想法很好，我給他們 100 分。學生看到市場的問題，思考問題核心所在，並且試圖解決問題，這點就值得鼓勵。我甚至鼓勵他們可以申請科技部大專生專題研究計畫，期許未來學生可以開這樣的公司解決市面上所形成的問題，形成新的商業模式。

其實年輕學生的想像力及創造力是無窮的，做為老師，我們授予學生技術，讓學生有一個想像空間，能讓學生懂得運用基本的技術去開創一些新的想法。或許哪一天有空，我還可以將學生們的企畫案整理成一個簡報，去呈現出學生們無盡的創意性及絢爛的創造性，應該也是相當有趣、好玩的。這對學生也是很好的訓練，而我與學生在眾多想法中互相激盪，或許在不久的未來，這些項目之中若有一項能夠付諸實踐，這將未來最大的成就與快樂。

將長照與食安教育結合，讓年長者在玩樂中學習！

社區共餐活動兼具教育意涵，吃得健康又安心！

「玩菇、養菇、吃菇」，菇出好腦力！——

將菇類栽培的過程設計成一套活動內容，吸引高齡長輩注意，讓營養共餐教育更能吸引長輩的興趣，增加參與意願，減緩失智的危機；再加上銀耳是柔軟的固體食品，有保濕、低熱量、調整免疫、使腸道健康和高營養的優點，避免高齡長輩食用蔬菜的膳食纖維易引起腸道阻塞的問題。

# 食農教育帶給 |十八|
# 我的改變

聯合國永續發展目標 SDGs

作者檔案

**李明明**

醫學暨健康學院食品營養與保健生技學系

現任亞洲大學食品營養與保健生技學系副教授兼系主任,從教學到實踐,從責任到愛,基於對高齡長者的愛與關懷,積極開發銀髮友善養生餐點,促進銀髮樂活產業發展。

**黃聖雄**

現任萬生生技農場場長,亞洲大學健康產業管理學系博士班候選人,從農場到餐桌,從生產到企業社會責任,期許以符合銀髮友善食品的生產標準,達成銀髮樂活的照護需求。

愉快的笑聲，是精神健康的可靠標誌。

—— 契珂夫

## 從服務學習課程出發，走出教室做中學

　　學校剛開始徵求服務學習課程時，我就提出申請，而且一直持續每學期一門課程，引導學生到校外進行服務並做中學，因為我認為學生要把在學校學到的專業知識帶到社區及社會，去協助解決社區民眾的需求問題，也應對所學專業的洗禮及挑戰，才能更了解學校知識如何和進入社會後要有的食品保健專業知能的聯結，「從服務過程中做中學」我想這是教育部推動計畫的重要目的。剛開始時是把保健小站的衛教服務模式帶到校外去做，除了例行的血壓、體脂、骨質密度檢測，還有主題衛教活動，我們一個班級分成 4 組：食品安全宣導、慢性疾病的營養教育、皮膚照護、和中醫體質十二經絡的檢測。學生自行製作分組衛教海報，並且事先依衛教主題找了很多資料研讀，好應付現場民眾的問題。那一年剛好發生食用油品的食安事件，食安那一組的同學準備的海報和資料，都是在教導民眾如何選擇安全的烹飪用油，但是活動才開始同學就被問倒了，「那個苦茶油可以耐高溫嗎？有什麼特別的保健成分呢？」同學愣了兩秒，這一題是學校裡面沒有教的，但是大家反應很快，請民眾

先到下一組，馬上拿出手機用網路搜尋答案。

　　這是我帶學生做的第一年食農教育，帶給我們很大的學習反思！

## 以營養共餐推動機能性食材，改善銀髮族健康

　　我的第一件 USR 計畫是 2017 年教育部補助的大學社會責任計畫——食安與長照，在一年的計畫結束後，我在 2018 年 5 月世新大學所主辦的一場「2018 USR X CSR 大學社會責任與企業社會責任研討會」，將 USR 的計畫成果，口頭報告發表了一篇論文：「利用機能性食材及營養衛教活動看對社區銀髮長者的健康促進效能」。在我的 USR 研究結果認為，飲食營養可以改善人體的健康問題，而具有機能性的食材更能有效促進人體健康，在臺灣有社區據點的營養共餐照護系統，如果能增加機能性食材的照護介入，預期可對長者健康促進有極大效益。我的社區活動利用營養衛教活動將機能性食材，將銀耳和金針菇導入日常生活的餐食設計，促進長者對機能性食材的認識和食用機率，並探討對社區銀髮長者的健康促進效能。結果發現，營養共餐活動增加了長者的進食機率，血壓偏高的人數在後測結果減少 6%，血糖問題在後測結果降低了 6%，腎臟疾病問題降低了 9%，結果顯示營養共餐所使用的食材，如銀耳與金針菇等材料，可能對降低長者的血壓及血糖有幫助，而自覺曾經有骨質狀況的長者在後測上升 33%，營養共餐的健康評量活動可能有效提升長者檢視自我健康的意識。AD 8 的極早期失智症篩檢後測分數小於 3 的人數增加了 30%，可見得經常外出參加社區活動的長者可能可以改善失智症狀。

｜世新大學主辦 USR 計畫成果發表會口頭發表。

## 玩菇！養菇！然後吃菇！

　　像這樣利用機能性食材促進銀髮族的健康計畫，後來我終於有機會在護理之家實際推動，因為當時在學校產學營運處兼任產學合作組的行政業務關係，認識了臺中佳醫護理之家的陳家鈺主任，她希望我能協助給臺中佳醫的長輩們有更好的銀髮友善飲食品質，以降低吞嚥障礙的鼻胃管比率，因為越早恢復自我進食能力就能越早恢復健康，所以我又設計了一套營養計畫。

　　我覺得這樣的營養共餐計畫應該可以更有建設性，而不只是在做社區服務活動而已，所以我跟我的博士班研究生黃聖雄先生便

開始設計「菇出好腦力」的認知功能促進活動。因為聖雄本身自營一家菇菌栽培場，便將菇類栽培的過程設計成一套類似園藝療法的活動內容，讓營養共餐教育更能吸引長輩的興趣，並且給這套利用菇類栽培知識為主題的活動取名為「玩菇、養菇、吃菇」。因為臺灣的金針菇和銀耳是室內環控有機栽培，老人家動手玩菇不會有農藥、蟲和泥土的問題，動手做會更安全有趣。事實上在這項計畫中的長輩們，年齡多在在 79 ～ 95 歲之間，而且患有失智或高血壓或有高血糖，我們利用有趣的養菇活動不僅成功吸引高齡長輩的注意，再加上銀耳是柔軟的固體食品，不同的水煮時間可以製成不同吞嚥障礙階段的食品，有保濕、低熱量、調整免疫、使腸道健康和高營養的優點，還可以避免一些高齡長輩在食用蔬菜的膳食纖維後易引起腸道阻塞的問題。陳主任更是每天親自煮聖雄農場免費提供的新鮮銀耳來當長輩的點心，使得來拜訪護理之家的訪客，更是對住民能有這樣的素食燕窩點心感到羨慕。

我的一位大學部專題研究生在這項計畫中，負責每週到佳醫護理之家去量測長輩的健康資訊，持續了三個月，從一開始害怕跟高齡長輩溝通，到後來離情依依，學生說，他在最後一天計畫結束時抱著一位很疼愛他的阿嬤說再見，罹患失智症的阿嬤卻對她說了她一輩子也忘不了的一句話：「你是誰？」。

## 大學社會責任：是責任還是因為愛？

從 5 年前開啟與社區照護據點長輩互動的關係以來，適逢教育部自 2017 年開始推動 USR 大學社會責任計畫，亞洲大學在第一年獲得了兩件的 USR 計畫，我提出的「食安與長照」計畫是其中一件。這件事讓我覺得非常的開心，「為什麼開心呢？」，有老師

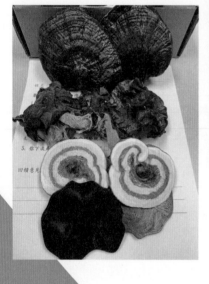

黃聖雄老師（左二）用亞洲大學 3D 列印製作出來的靈芝木耳模型桌遊教具，引發長輩對參與失智照護活動的興趣。

問我，去社區辦活動很累，更何況我算常常去，第一年去臺中霧峰五個社區，一週一次，後來去草屯、去南投、還去彰化，要自己 google 地圖，要自付交通費，2020 年上半年的時候因為「菇出好腦力」計畫，半年內去彰化基督教醫院失智日照中心辦了 13 次活動，2020 年下半年因為彰化市公所委託地方農業創生計畫，4 個月內去了彰化 14 次，這一年，我還要準備教育部的系所品保評鑑工作，我把每個星期的時間擠的一滴都不剩。後來我知道我為什麼覺得做大學社會責任計畫會開心了，因為，我「愛」上了長

輩的「笑容」！我很驚訝罹患失智症的長輩在我半年後再回去據點的時候，看到我會露出笑容站起來走向我：「老師好！我認識你唷！」、「你人水人又很好，很少老師長這樣的啦！」、「我知道，你是那個做菇的老師啦！」。

　　這幾年來每一個我們去做過活動的單位，都會問我同樣一句話：「老師，你可以再過來辦活動嗎？」。YES! 感謝學校深耕計畫對大學社會責任計畫的支持，讓我在愛中持續實踐下一個「大學社會責任」。

保健系主任李明明（右）與企業導師黃聖雄為彰化基督教醫院失智照護中心「得憶園」共同主持「菇出好腦力」的失智照護計畫。

培育現代菇農，導入科技與智能管理，用手機也能種香菇！

霧峰，全臺最大菇類產地，號稱「菇的故鄉」，也有全臺唯一的「菇類博物館」，更有亞洲大學食藥用菇類研究中心成立加持，讓臺灣菇農一步步邁向現代化！

亞洲大學成立食藥用菇類研究中心，提供研究菇類環境，增加產學交流！

看準菇類高營養價值與潛能，食藥用菇類研究中心培育超過百名現代菇農，以移動裝置進行環境控制，並結合雲端、人工智慧、物聯網等現代科技，培育新世代菇農，未來除讓香菇食用外，有更多可能性與發展性！

# 新興科技菇農養成記 |十九|

## 聯合國永續發展目標 SDGs

### 作者檔案

**施養佳**

醫學暨健康學院醫學檢驗暨生物技術學系

現任亞洲大學醫學檢驗暨生物技術學系助理教授兼食藥用菇類研究中心副主任,透過中心過去之研究成果及經驗,關懷在地菇農,協助他們提升菇類栽培新技術及開發菇類相關機能性食品、醫美保養品等創新技術產品。施老師目前執行教育部「生醫產業及新農業創新創業人才培育計畫」、教育部「議題導向跨領域敘事力課群發展計畫」、教育部「大學特色類萌芽型USR 計畫」及勞動部「大專生就業學程計畫」等,並擔任計畫主持人。

### 潤稿

**陳正平**

通識教育中心

東海大學中文系文學博士,曾任建國科大專任講師、副教授、靜宜、東海兼任講師。現任亞洲大學通識教育中心專任教授,並擔任國文類召集人。教授「文學賞析」、「文學與生活」、「唐詩趣談」課程。專著有《唐代游藝詩歌研究》、《庚子秋詞研究》、《唐詩趣談》及〈論唐詩在唐代民俗研究之價值〉、〈李商隱詩中的民俗及其意象〉、〈唐代的「踏歌」之風〉……等期刊論文,現在主要致力於唐詩、游藝詩歌、民俗文學、文藝美學等方面之研究。

人藉助科學，就能糾正自然界的缺陷。

—— 梅契尼科夫

# 種菇不再只是線上遊戲，真的可以用手機來種菇！？

講到菇類你會想到什麼？看似平凡不起眼甚至有點可愛的菇類，其實背後栽培方式與高產值超乎我們的想像！菇類可以是一道料理中的靈魂所在，也可能只是一個鮮明的綠葉配角。亞洲大學食藥用菇類研究中心已經創立 10 年，培育超過 120 多位大學部專題生，在這麼多優秀的學生中，有一位學生的故事特別令人印象深刻，究竟菇類研究中心和這位學生之間產生什麼樣的連結以及影響呢？讓我們娓娓道來。

## 從理解到投入，成為現代菇農的契機！

阿翔（化名），畢業於亞洲大學生物科技學系，目前是一位現代科技菇農，在成為菇農前的他，原本只是一個普通的上班族，工作的忙碌，讓他較少與爸媽相處。而他們家是在南投山上種植菇類，他其實很討厭，甚至曾經表示：「看到香菇就覺得很厭煩。因

為從小就要幫忙採菇，剪蒂頭，當朋友們都在打網咖、出去玩時，自己就是只能回家幫忙處理香菇，童年都在香菇園裡度過。」因此阿翔一畢業並沒有想回家工作。

│ 食藥用菇類研究中心成立。（從左至右：施養佳老師、林俊義院長、林銘昌老師）

　　而經過在菇類中心的相處，我們才知道原來阿翔在高中準備升學的階段，就希望能夠離開家裡，能走多遠就去多遠，但是他的父親希望他能夠留在臺中修讀相關科系，畢業後可以繼承家業。所以當時他在選填志願時，他的第一志願硬是被父親改成亞洲大學生物科技學系，而阿翔當時迫於父親的意願，只好妥協。在阿翔畢業後第一次的系友回娘家時，阿翔專程跑來找我聊工作的事

情，透過對談中，我們才知道阿翔畢業之後真的沒有回家繼承家業。他告訴我：「出社會後，經歷過工作、忙碌、開會、應酬，總是沒有辦法好好的慢下來休息，慢慢連家裡的訊息都很少回覆，直到接到媽媽的一通電話，說爸爸因為長期工作導致腰部受傷，沒辦法繼續在菇場工作了。」

阿翔說：「過年回家時發現，家裡變得不太一樣了，少了許多原本多到都會擋住出入口的菇籃，只剩空蕩蕩的走道，還有面露憔悴的爸媽。令我不禁感嘆，爸媽真的老了。」阿翔這一次回家，跟他的父親走過以前小時候每天都會經過的路，看著父親的背影，還是那麼的熟悉，只是沒有以前那樣的精神飽滿，反而是增添了幾分倦容。這個故事的轉折點是在阿翔回家過年，和父母親團聚時，不忍看到父母親辛勞，因此阿翔說他在吃年夜飯的時候，都沒辦法專注，因為心思放在是否應該回家幫忙的這件事情上。他告訴我：「除夕當天吃的年夜飯，桌上的白菜滷、油飯、雞湯都很讓人懷念，因為這就是家的味道。在外面工作的時候，總是在超商隨便解決三餐，可能連好好坐下來吃一頓飯的時間都沒有。」透過對食物的記憶，讓阿翔回想起家的味道，尤其菇類，對阿翔來說就是一個這樣子的存在，給他精神支持。令我們印象很深刻的是，阿翔有提到，經過這一次過年，他覺得：「家裡種的香菇並不只是香菇，而是支持這個家的精神象徵」。後來他才毅然決然地提出回家幫忙的想法。

「『爸、媽！我回來幫忙好嗎？』我鼓起勇氣，像是要跟心愛的女子求婚般尷尬地說出這句話。空氣中瀰漫著一股詭譎沉默的氛圍，媽媽如同銀鈴般的笑聲終結餐桌上的尷尬，爸爸只說了聲『好！好！好！』有點矜持的點點頭，然後笑了笑，我也靦腆的笑了。」聽著阿翔有點緊張卻又很生動的描述，不難想像當時的他有

多糾結，但同時也很替他開心，可以聽到他分享這個過程其實十分有趣！

| 現代化環境控制之銀耳生產菇場。

## 菇類研究中心是座寶庫，從學術研究到產業實務的洗禮

因為阿翔曾是我的專題生，因此經常會回來學校找我聊聊近況，阿翔辭去工作回到家裡繼承種植菇類的事業，他說：「想起自己在大學時期在爸爸的建議下，就讀亞洲大學生物科技學系，發現畢業後的出路非常廣泛。」生科系除了生物醫學領域的幹細胞醫學、再生醫學以外，還包含了「智慧農業管理」、健康照護與保健生技等相關領域，以及「食藥用菇類研究中心」提供學生研究真菌的實驗場域，阿翔說道：「因為當時菇類中心擁有許多學習資源，出路又很多元，我想這也是當時我爸想讓我來到這的原因」。不過

說起來也很奇妙，也許是因為曾在家幫忙的經驗，阿翔在菇類研究中心進行實驗的時候，相當得心應手。

阿翔說：「還記得剛接觸菇類研究中心的時候，剛開始自己是還抱持著有點抗拒以及疑惑的心態，因為明知道爸爸希望自己繼承家業，所以才希望自己可以往菇類栽培這個領域去學習，但自己是覺得既然生科系出路那麼廣，包含醫療、食品、健康，肯定有其他不同的出路更適合自己。」因此阿翔畢業後選擇直接到食品工廠就業。

「食藥用菇類研究中心」，當初是在 2010 年時，由當時健康學院林俊義院長與生物科技學系施養佳老師一同創辦。林俊義院長曾說過：「臺灣在菇類研究的相關單位或是各大專院校非常少見，菇類本身是具備高營養價值、多元應用及產品開發潛力的農業作物，為了能提升亞洲大學的研究能量以及與產業界結合，而成立『食藥用菇類研究中心』，提供研究菇類環境與產業界交流的機會。」菇類作為食用居多，但還可以做為藥用及保健食品等，在醫學上是有所貢獻的，但當時種植的方式產量有限，而且產業界當時對於菇類特性及栽種方式原理並不清楚，實務層面的產業界和學界是有斷層的。

亞洲大學成立此食藥用菇類研究中心，主要的目的包含三個面向：（一）如何透過環境控制進行菌種及栽培方式的改良；（二）針對菇類機能性成分進行分析研究；（三）針對菇類萃取物進行醫美及保健方面的產品研發，一方面透過中心進行人才培育，讓產學之間可以有更多發展。林俊義院長特別提到：「未來菇類在保健及藥物上，可以從成分的萃取去研發藥物，對於抗癌藥物發展是有所幫助的。」阿翔在得知菇類研究中心的這些資訊之後，非常積極地參與專題研究計畫，非常具有企圖心。

　　菇類研究中心也舉辦非常多的校外參訪活動，例如：第一間與菇類研究中心進行產學合作及技術轉移的「蕈優生技公司」、及技術轉移生產白木耳量產技術的亞洲大學校辦企業「偉裕生技公司」等，透過參加這些活動，阿翔這才知道，林院長與施老師在過去曾連續 6 年獲得「科技部小產學聯盟計畫」協助 60 多間菇類產業公司進行菌種改良、栽培技術提升、及菇類產品開發等產學合作計畫，菇類研究中心將學術資源和產業資源鏈結，技能培養專業人才，並且提升產業研發的能量。

　　我記得曾在阿翔畢業時問他，對於整個大學生涯有什麼印象比較深刻的事情？他告訴我令他印象較為深刻的事，他在大三參與了我執行的「菇類產業鏈結與在地關懷實踐計畫」（USR）。那一次的活動是亞洲大學邀請到霧峰農會的黃景建總幹事以及菇類業者們來到亞洲大學，分享產業的資訊，因為霧峰又號稱「菇的故鄉」，是臺灣菇類最大產地，也有全臺唯一的「菇類博物館」。阿翔說：「我們在施老師帶領之下，透過「問題導向學習法」（Problem-Based Learning）進行創新與跨領域學習模式，和霧峰當地的產業連結，針對菇類業者的需求、提供解決方案並且幫助菇類產業的發展，實踐亞洲大學對於大學社會責任在地關懷的一個計畫。」透過這個創新學習活動，讓學生能夠根據業者提供的問題，討論出解決問題的方法。令阿翔印象深刻的是，其中一位業者表示，在專業技術上出現菇類菌種弱化後，反應了產業缺工問題，阿翔表示，這也是長期困擾他爸媽的問題！於是他開始萌生將菇場科技化的想法。

## 導入科技與智能管理系統，全面升級環控菇場

　　阿翔告訴我們，當他決定回家幫忙後，馬上想到可以透過環控的方式進行菇類栽種，將科技結合農業，利用環境控制系統調節菇場的溫度、濕度、二氧化碳等參數。透過環控的方式依照菇類品種及其生長週期進行調節，改善菇場栽培環境，提高菇類產量，從技術層面進行改良，不僅讓產量、品質同步提升，並進一步做更多機能性菇類產品開發。

　　將傳統栽培方式帶入高科技進行轉型，並不是一件容易的事情，但是阿翔透過導入環控設備、加上 AI、雲端物聯網系統，現在已經可以用手機就能夠監控菇場的環境甚至控制環境的參數，真的可以說是用手機就能種菇了！

　　阿翔說，在大學期間參與「食藥用菇類研究中心」的研究與計畫，讓他奠定了成為新興科技菇農的基礎，不僅提昇改善家裡菇類栽培環境之外，也讓他對於產業有不一樣的思維，他希望能以更友善健康的方式去栽培出安心的食材，阿翔說：「我想這已經是一種社會責任，更是一種使命了吧！」聽到阿翔能有這麼棒的想法以及成長，亞洲大學菇類研究中心多年致力於培育更多現代科技青農，不只用移動裝置進行環境控制，智慧農業科技將導入雲端、人工智慧、物聯網的新世代菇農，未來，指日可待！

| 食藥用菇類研究中心開發之菇類機能性保養產品。

International Linkages

PART 5

國際鏈結

愛心無距離,跨海千里,送愛到非洲!

透過非洲 OProSS 計畫,亞大師生團隊,跨海千百里,遠到非洲賴索托、史瓦帝尼幫助孤苦無依的孩童。

在那裡,他們看到了一個非洲存在兩個世界: 一邊是高樓林立的經濟重鎮,繁華似錦;一邊是低樓矮房的貧民災區,慘不忍睹。但他們從臺灣遠渡重洋的愛心如點點繁星,照耀著那既幽暗又光明的非洲大陸。

# 送愛到非洲 | 二十 |

聯合國永續發展目標 SDGs

作者檔案

**林君維**

管理學院經營管理學系

現任亞洲大學經營管理學系特聘教授兼管理學院院長
兼創意領導中心主任,籌畫「海外專業服務學習計
畫」,以無國界方式關懷國外議題,由學生主動參加
並規劃細部的自主學習方案,其特色主要是推翻過去
「一次性」的服務學習,強調要與國外的受輔導單位
與社區,建立永續服務的長久經營模式。

凡走過的，必留下痕跡；凡存在過的，必產生影響。

——艾德蒙·羅卡

## 緣起：前往南非 實踐永續發展

2017 年的春天，我擔任亞洲大學創意領導中心主任，當時接到了來自本校高等教育深耕計畫負責人的邀請，希望我與創意領導中心的菁英學生們組成團隊，帶領著他們前往遙遠的非洲進行「海外專業服務學習計畫（Overseas Professional Social Services Project，簡稱 OProSS）」。

在決定前往非洲後，我們先是與外交部聯繫，請他們推薦位於西非的布吉納法索的聯絡人資訊給我們，但是在與外交部密切聯繫一段時間後，基於安全性及交通問題，經由外交部的推薦，我們與臺灣人在非洲設立的機構「阿彌陀佛關懷中心（ACC）」搭上線，並從中得知「阿彌陀佛關懷中心」已經於非洲深耕多年，並在非洲六個國家設立孤兒院，收留孤兒及創辦學校。

在聯合國永續發展目標 17 項目標的中，有幾項是與我們所執行的計畫息息相關的，像是第一項 SDG1 消除貧窮（No Poverty）與第四項 SDG4 優質教育（Quality Education）。在前往服務的兩

個國家——賴索托、史瓦帝尼——其中，賴索托被聯合國列為最低度開發國家，約有 49％的人口，生活低於國際貧困線（1 天 1.25 美元），以及世界愛滋病盛行率第 2 高的國家；而史瓦帝尼，則為愛滋病盛行率最高的國家。愛滋病、貧窮、教育三者有著密切的關聯，因貧窮而影響基本生理需求，在需求未被滿足的狀況下，教育就不會變成生活中的選項；無法得到完善的教育，因此無法獲得正確的知識及觀念，以至於讓這樣的情況，不斷複製、不斷循環。

在挑選執行計畫的地點時，我們除了考慮國家發展較為落後的因素外，OProSS 團隊將計畫焦點放在「教育」上。因為，教育是改變生活的根本，是推動非洲脫離貧窮病苦循環的有力推手。所以，若能從教育出發，帶給他們改變人生的種子，從團隊給予的一些小小幫助，都有可能是帶給他們翻轉人生的希望。

在與「阿彌陀佛關懷中心」的聯絡中得知，ACC 也非常期待亞洲大學此次與他們的合作。於是，我們團隊最後決定前往位於南非的國中國「賴索托」及「史瓦帝尼」的兩個院區，進行 OProSS 計畫執行，時間訂為 7 月～ 8 月暑假時間，為期 1 個月左右的時間，由我及來自非洲衣索比亞的經營管理系助理教授耶利納，與 11 位來自亞大不同科系的創意領導學生們，組成 OProSS 團隊。

## 跨國 PBL：創新教學 無遠弗屆

OProSS 計畫第一年的教學對象，主要以賴索托、史瓦帝尼兩個國家的孤兒院孩童為主。OProSS 團員們來自亞洲大學不同的科系，每件執行教學的專案都是依照專題導向創新教學法 PBL（Project Based Learning）結合各系專業，來設計專案課程。此教學法涵蓋了社會影響力、專業知識獲得、團隊合作、自主學習，讓

│ 團隊成員與院童舉辦「報紙時裝秀」，發揮自己的想像力。

專案執行者在設計專案的過程中，能提升自身能力，並帶領其他團員共同合作完成專案的執行。

在經過第一年的磨練與成長後；第 2 年起，我們將重點著重於訓練當地國中小學的教師們，同時也不落下帶領孩童進行專案課程的培育。此係因孩童們的學習方法，都是來自於當地教師的教學，所以當教師學會了專題導向創新教學法 PBL 後，帶著新的教學法進入教育現場，這樣影響的範圍將會擴大。

雖然 OProSS 團隊直接與孩子進行教學，也會有一定的影響力在，但是團隊並不會一直待在院區，在團隊進行專案時，產生的小小影響力，可能在離開了之後，就會出現斷層，甚至消失。為求永續經營，在第 2 年時，團隊將教學重點對象，設定在訓練當地教師群，讓教師們學習新的教學方法，進而使影響力達到最大化。

因為直接對當地教師進行專題導向創新教學法 PBL 的成效不錯，在第三年時，甚至有別的地區的學校教師們，組隊來進行學習，而院區的孩童們，也已經習慣團隊的專案執行方式，每到 7 月就開

始期待團隊的到來，期待團隊帶來更加新穎的專案課程。

在這 3 年來，團隊準備的課程有「Newspaper Fashion Show」、「爆米花生產與行銷策略」、「性別平等」、「燒燙傷衛生教育」、「耳朵與聲帶解剖學」、「發聲理」、「設計思考過程」、「Train your brain with math」、「攝影師」、「Arduino senser」等 45 個專案課程，甚至包含 AI 課程的專案教學，每每都帶給院童們嶄新的視野。

帶領學生進行國際社會服務工作的歷程，讓我深刻地感受到亞大學生的積極正向能量、創新力與執行力的堅持，看著這些本校的菁英學生以接力賽的方式，薪火相傳，持續投入 OProSS 團隊，我看到教育的目的，在此已結出燦爛的果實。「送愛到非洲」，對於這些學生而言，不是人生中的一段旅程而已，我相信這已在他們的生命中，展現非凡的人生意義。

以下是參與 OProSS 團隊的團員心得，我以附錄方式呈現於後，希望真實呈現亞大學生參與 OProSS 計畫的心路歷程與成長。

| 課程「Newspaper Fashion Show」準備過程。

## 刻下痕跡：服務他人 成長自己

在賴索托、史瓦帝尼的阿彌陀佛關懷中心，收容了許多弱勢孩童，院童年紀約落在 2 歲幼童至 18 歲青少年。孩童會來到機構的原因，有些是因為雙親因愛滋病過世變成孤兒，有的則是家裡無能力扶養，讓當地社工轉介到適合的照顧機構。而阿彌陀佛關懷中心則是擔任日常照顧及教育的照顧機構。

他們在院區裡生活，穩定的學習各樣新知識、技能，每個孩子都有 3 種語言的溝通能力（英文、中文、當地話），在這裡的孩子，比起圍牆外的孩子來得幸運，他們在這裡不受飢餓之苦，受院區師長的照顧。記得在一次返家發送物資的過程中，有一間大概 5、6 坪的鐵皮屋裡，卻住著一家 7 口的人，整個家中也只有兩條長褲，在 0 度的冬天裡，孩子穿著薄長袖，赤裸著下半身到處追逐，反觀院區的孩子，他們的雙手都有手套保暖，身上則穿有兩件溫暖厚實的外套，能進到院區的孩子，我想這應該就是上天讓他們在成長階段獲得另一份不同於原生家庭的關愛禮物吧！

如果說這是一份禮物，雖然我們團隊的到來可能就是這禮物中的其中一項，即使我們只是小小的一個存在，我們也是把握這個難能可貴的機會，擴大我們的存在。

在第一屆的計畫中，心理系背景的林同學，負責兩個專案，其中一項課程為情緒大富翁，由自己心理專業所延伸去設計專案，運用主題式課程，帶領院區的孩子去認識及覺察自己的情緒狀態；從籌備到執行，經過多次的調整，從過往經驗的累積與師長的建議，去思考自己的方案，設計出一個最適合當地孩子的內容，雖然過程繁雜辛苦，但在執行活動後，收到孩子的回饋時，我們的心是富足的，是溫暖的。

在活動的尾聲，團隊成員請孩子選出自己當下的情緒，並且分享孩子自己的想法，在這過程中，有一位女孩讓人印象深刻。那個女孩拿了很多不同的情緒字卡，其中有正向的，也有負向的情緒。

女孩拿起擔心的字卡，女孩說：「我擔心姊姊們離開了，我會忘記這幾個禮拜裡，姊姊所教的東西」；女孩拿起手中的害怕字卡，女孩說：「害怕姊姊要離開她了」；女孩指著快樂字卡，女孩說：「因為有大哥哥、大姊姊的陪伴，我很開心、很快樂。」

聽完她的分享，我心中的情感逐漸變多，從原先的驚訝轉變成無數的感動與不捨，那些豐沛的情感，也讓我的眼眶瞬間充滿了淚水。

原來團隊的陪伴和教導，孩子是有感受到的，助人的工作，原本就很難用什麼去衡量，所以不會知道你眼前所做的這些努力，當事者是否有接收；所以當我們收到受助者真實的回饋時，心中真的會充滿感激跟喜悅，而這些也是讓 OProSS 計畫能繼續執行下去的最大動力。

我們所服務的非洲地區，多半是以貧窮為主；然而不代表所有的非洲地區都是貧窮的，像是南非首都約翰尼斯堡，為南非的經濟中心，這個城市有著兩個世界，一個是高樓林立的繁華區域，另一區為鐵皮矮房為主的貧民區，兩個極度相反的世界就存在於同個土地上。開普敦也是南非的三大城之一，它的美，很難以言語形容，由於地理位置的關係，讓這座城市擁有豐沛的自然資源以及秀麗的風景。非洲也不是全部都是黑皮膚的人，在許多觀光勝地，大多的觀光客都是白皮膚的人，且即便皮膚黑，也是有不同的顏色差異，這裡有許多跟想像中的不一樣，真的是要來一趟非洲，才會發現原來這些都是真的。

｜院童自行於課堂中述說自己未來夢想。 ｜院童畫出賴索托之國家特色及景點。

　　這一個月，我體驗了不同的文化經歷，增廣自己的見聞，也在專案中去整合自己的所學，對我的影響，是足以看見的；志工旅行對我而言有一定的重要性，因為在旅程中，不只能當個手心向上的人，也能當個手心向下的人；帶來的影響，不僅是對服務的對象，其實還有自己。從當地的孩子身上學到的，比起我給他們的，來的多很多很多，他們教會我要珍惜自己所擁有的，以及不要因為現實而減少快樂，還有更重要的是，讓我更確定未來的方向，了解自己缺少的是什麼，而在未來的路上，又該如何去增強自己的能力。我想這份給自己的禮物，應該是會讓我記得一輩子吧。

　　擔任第一屆到第三屆非洲 OProSS 團隊攝影師的資訊傳播管理學系呂采昕也透過她的團隊經驗反思，為我們帶來她的成長故事：

　　「印象中的非洲應該是民不聊生、發展落後、紅泥茅毛所蓋成的屋子，這樣的印象深植在大多數人心中，卻沒想到會有這樣的一天，身為小大一的我能踏上非洲大陸的土地，用自身經歷體驗及推翻我想像中的非洲生活。

　　我是非洲 OProSS 計畫的攝影師，從對非洲充滿憧憬的攝影助理到已經連續三年前往非洲的御用攝影師，可以說我就是見證了整個團隊每年變化及茁壯的紀錄者。

　　初次踏上非洲大陸的我，以為自己出了機場後會看見整片因飢餓的人民將機場團團包圍；以為自己在前往位於賴索托的 ACC 院區時會因為治安不佳怕沿路被搶劫的因素，而難以前往 450 公里外的院區；以為自己在 ACC 院區會看見百廢待興的院區，可能只有最原始的廁所能夠使用。但是，以上所想到的一切，全部被推翻了，在我的鏡頭中紀錄到的不是我跟你以為的非洲，而是正在逐步成長改變的非洲。

　　在 ACC 院區遇到的院童們，有的會主動請我採訪他們，他們熱情的想要分享自己的故事給我帶回臺灣；有的較害羞的院童，會請我分享在臺灣所經歷過的生活與體驗給他們知道，等他們高中畢業，也有機會來到臺灣念書。與院童們連續相處三年短暫暑假的我，同時也透過鏡頭紀錄了他們的成長及亞大團隊的進步，同時也很慶幸我將我的大學裡最美好的時光貢獻給了非洲 OProSS 計畫。」

　　這些參與計畫同學的反思和成長經驗，使我想起社會服務名言：

　　「凡走過的，必留下痕跡；凡存在過的，必產生影響。」

縱然高棉隕落，但願微笑常在！

白天，亞大師生是勤奮努力的義工團隊，他們在柬埔寨洞里薩湖畔揮汗如雨，為當地基礎建設貢獻勞力，縱使黃沙滾滾，亦甘之如飴。

晚上，他們是一個個思鄉遊子，在伸手不見五指的破落教堂廢墟，撥打遠洋電話給臺灣的家人朋友，一解思鄉苦。

亞大師生用汗水、勞力換來當地的基礎設施穩固；用創意課程灌溉當地學童稚嫩的心靈；用愛心募集鞋子、水缸的物資，贏得柬埔寨人民一個個面帶著感謝的笑容。

# 柬埔寨志願服務的日子——「我的隨憶」｜二十一｜

聯合國永續發展目標 SDGs

## 作者檔案

**蕭至邦**

人文社會學院社會工作學系

留學德國，為德國社會教育和社會工作碩士，並獲得哲學博士學位，曾在德國大學任教和從事社會工作 18 年。現任亞洲大學社會工作學系助理教授，豐富的工作經歷與見聞，可隨時協助學生與當地服務對象進行交流，是學生海外志工服務最好的嚮導。

## 潤稿

**林怡君**

通識教育中心

臺灣師範大學國文系文學博士，曾任臺灣師範大學兼任講師，現任亞洲大學通識中心副教授，研究專長為明清小說、現代小說、文學創作，開設小說與社會、文學與生活等課程。碩士論文為《鉅史與私情：李渝小說研究》，博士論文為《明末清初小說中的美少年研究》，有期刊如〈許宣大改造：從物質研究視角重探〈白娘子永鎮雷峰塔〉〉等，另有散文創作散見各大報。

> 把美德、善行傳給你的孩子們，而不是留下財富，只有這樣才能給他們帶來幸福。
>
> ──貝多芬

　　吃力地敲上最後一根釘，天氣已經稍微「轉涼」，有點像早上剛到時的感覺，此刻下午 5 點。指導蓋房子的師傅前一刻才揮手示意大家回去，一天終於結束，坐在對面豬寮的的母子目送我們歸去，雖然語言的隔閡讓我們無法說上兩句話，但從她眼中我可以感到深深的謝意。我觀察了一整天，那個媽媽吃力的從附近把香蕉樹的樹梗拖行到豬舍前，然後用銳利的刀子環切香蕉樹幹，一圈圈猶如大洋蔥剝離的香蕉梗是餵豬用的。可惜到底她家午餐吃了些什麼，並未發覺。

## 物質匱乏，心靈富足

　　比起早上的喧鬧，歸去的路沉寂多了，所有師生都已汗流浹背，畢竟舉起沉重的木板，在適當的位置整齊釘上，把凹凸的地方用鋸子鋸平，是滿吃力的工作，尤其是對這些難得做粗活的大學師生而言。

　　在漫漫黃沙路上前進，途中又經過橫貫村中的黃水溝，久旱

未雨、水已快見底，但是仍有不少小孩在混濁的水中遊玩，也能看到當地人用塑膠桶靠著水邊吃力地汲水，在水深處還有兩隻瘦瘦的黑豬滾著泥水澡。

遠處看著黃沙飛揚，原來當地極少數富裕家庭的小孩騎著腳踏車，從近十公里外的中學放學回家了，十多輛腳踏車在黃土路中魚貫地僕僕前進，我仔細看著這群青少年，突然發覺，男孩遠遠比女孩多。我突然又想起，早上去蓋房子的途中經過村裡的小學，被為數不少的學生嚇一跳，因為印象中，這是個不大的村落，我還轉頭對旁邊的同學說，這邊的人生養小孩好像沒有我們在臺灣那樣地困難。從小學到初中的路對大多數的人來說還是滿遙遠的。

我們借居在 TAOM 村教堂的房舍裡。這是當地少有的兩層樓建築，樓下是教會設立的幼兒園，二樓隔成三個房間，最右邊住著一位幼兒園老師，另外兩間就由十多位同學和老師依性別打了地鋪，每一間都有僅堪使用的衛浴設備，雖然簡陋，但是打掃得非常乾淨。睡覺時間到了，這些年輕人幾乎很快睡著了，因為除了蓋房子重度勞動外，整天奔波在村落進行各種活動其實很累人的。感謝教會執事幫每個人準備了一個蚊帳，免去大家遭受蚊蟲攻擊之苦，熱帶地區這些小小兵團是非常活躍的！

民生大事對於遠離臺灣前來擔任志工的大學生並非易事，幸好隨著亞洲大學團隊多次的前來，系上學生累積了不少經驗，各種條件隨次改善。接待我們的教會執事也請廚房盡量烹調出適合我們的飯菜，雖然口味還是有點距離，但飯菜的味道其實很不錯；米的口感和臺灣米有點差異，菜色中也多了不少東南亞特有的調味用香菜——這些在多元文化下的臺灣，其實也不算陌生吧。

| 課程帶領過程，大哥哥、大姐姐很認真地教學。

## 以泡麵、熱線一解思鄉苦

可能在這邊的活動量大，洞里薩湖農業地帶鮮美蔬果和米飯為主的餐食幾乎沒剩下過。不過每隔幾天晚上，大家還是分配著臺灣泡麵吃，用的是把瓶裝水煮沸的熱水，與其說是消夜，不如說是跟故鄉的一點心靈連結，雖然才約兩週的時間，又忙碌與各種活動，但是故鄉的食物總是能給予我們信心和能量。多年來，亞州大學社工系還沒有克服飲水不合的問題，工業產物瓶裝水可能是「必要的惡」吧。

雖說在柬埔寨接近洞里薩湖的農村地帶落腳 10 天之多，感謝教會的和當地公所的努力，這邊還是可以打電話的，買個 15 美元的預付卡，打到臺灣可以用上幾個鐘頭。晚上 9 點以後，自由活動休息時間不少學生突然不見了，一開始我有些緊張，除了住宿的地方一片漆黑，學生在陌生國度的鄉下突然不見了，雖說一再被保證

治安良好，還是心頭毛毛。結果緊張是多餘的，聽音辨位的結果發現：暫時消失的蹤影都躲在旁邊大教堂四周圍角落陰暗處打電話，仔細一聽幾乎沒有打給家人的，而是都打給男女朋友。

夜色遮掩住這座可怕陰沉、極為破敗、彈痕累累的大教堂，白天學生忙來忙去沒人理會——或許也不知道其過往歷史——的廢墟，晚上倒躲在角落四處談起遠距戀愛。數以千計的老百姓在生命最後一刻逃到這邊尋求天主的庇護，隨即機槍響起，所有人瞬間失去了生命。牆上的汙漬加上片片烏黑黴菌為我白天親眼所見，但不知其來源，維基百科說，建築上頭的汙漬是血跡所致。不明就裡的學生晚上毫無畏懼，談情說愛此起彼落，我則在漆黑中坐在教堂殘破大門階梯，手裡拿著歸依師父——上人在柏林給我的佛珠默默祝禱。

在 TAOM 那幾天學生們想盡各種可以陪同幼兒園孩童的方式，分別進行了幾次的活動，每一次孩童們都展現了天真浪漫的笑容，雖然彼此語言不通，但是在大學生精心設計教案和盡心帶領下，各種遊戲、闖關高潮迭起各種呼喊聲音此起彼伏！有時候大哥哥和大姐姐們的勁歌熱舞又讓小朋友們看得目瞪口呆，仿佛看到大明星一般的盯緊著賣力表演的哥哥姐姐們。跟當地幼兒園的互動的高峰在於離別前哥哥姐姐搬出募來鞋子的那一刻，先是歡呼，然後如市場吵雜般的聲音，因為哥哥姐姐在尋找和調整適合小朋友的鞋子，不到半小時，彷彿變了魔術般，每個小朋友都脫離了小小赤腳大仙的模樣，換上了各式色彩繽紛的鞋子。

以 TAOM 為據點，我們曾前進距離住處兩個多小時車程的村落，目的地是當地的一座小學。比起 TAOM 在地的小學，從校舍的規模看來，這邊只是一個全體村童一起上課的大教室。大哥哥和

大姐姐們又準備了各種帶動唱和彼此互動的表演節目，最後的高潮還是發放在臺灣募集而來的各種物資。只見孩童在教室數排靜靜第等待哥哥姐姐們給予物資。同樣的情境也發生在另一個洞里薩湖水上村落的教室裡頭，只是這次雖然坐車和坐船遠道而去，可是物資大概都送完了，只能盡心地陪伴兒童們遊玩，度過一個愉快的下午。

洞里薩湖一望無際，根本看不到對岸，岸邊住滿各種水上人家，浩瀚湖水中漁船點點，當地的導覽說雨季時候面積大概半個臺灣大，是東南亞第一大湖。這可把我嚇一跳，走過半個地球的我，果真還是井底之蛙。

大哥哥、大姐姐在洞里薩湖的船屋幼兒園上教學，老師忙裡偷閒拍個照。
老師是永遠的即席翻譯者。好在最後幾天到了金邊，中文好像很通行，
到處都是中國大陸的商人和商店。

## 用 25 個水缸換來全村滿溢的謝意

離開 TAOM 之前我們在村落裡進行一次拜會和巡禮，村長安排我們去受贈人家中走走，今年除了帶來的物資外，我們把募來的資金請教會幫我們先行購買了 25 個大水缸，教會已經先行發放，這天下午算是點收。本來心中忐忑，怎麼送人家東西還要獻身說法，不是太矯情？不過走過第一家後，我這樣的妄想就不見了，只見全家老少年非常高興，大家笑臉迎人，有些人——尤其是長者甚至彎下腰來，非常誠懇地說感謝！那種大家非常高興、心懷感謝全家排排站，恭敬邀請大家一起照相留念的情景令人難以忘懷。可惜 25 個大水缸只是滿足了極少數人的需求，也希望將來某一次出團可再以水缸為主題。

贈送村民大水缸，送禮的和接收禮物的都很開心。

　　印象深刻的是，村中也有很不錯的房舍，教會人士說明，這些「豪宅」是那些離鄉背井、出國打工且衣錦榮歸的村民對家人的貢獻。但是也有不少父母再也盼不到小孩，因為客死異鄉，或是一去不回頭的村民也大有人在，村中不少獨居老人都是這麼來的，某些人也因此在異地打工發財夢破滅而患有精神疾患。

　　行程轉換到金邊的前幾天，團隊在暹粒整備，自然而然全體成員到吳哥窟去朝聖。自從這個地方在 20 世紀初被法國人在叢林裡挖掘出來，近一個世紀，吳哥窟已經躍升為最重要的人類文化遺產，也是全球令人矚目的旅遊勝地。千百個大大小小、起起伏伏變化無常的佛像和石雕場景，以及一望無際高低不同的層層佛塔和巨大建築群聯綿不斷、一望無際。置身於千年古老的佛國古都中真的讓人發思古之幽情。篤信佛教者更見證了佛陀所說的無常，此巨大的城市曾數百年為高棉帝國首都，帝國曾極盛一時雄霸南亞，如今煙消雲散，要不是托殖民者考古學家之力，可能至今都不為人知。

　　回到金邊，師生借宿合作單位 Advanced Centre for Empowerment（簡稱 ACE），它是一個當地非政府組職，ACE 大部份成員皆是從柬埔寨不同省分來到金邊求學的高校學生，中心透過社會服務計畫培養青年領導能力，同時也帶動社區發展。亞洲大學團隊來此首先參加了青年幹部訓練，接續幾天會在 ACE 成員陪同下進入 ACE 經營多時的貧民區服務數天。我到達金邊的第二天就提前離開柬埔寨返回臺灣，因為兩天後必須辦理魚池鄉青少年冬令營活動，這是佛教基金會多年來資助大學進行兒童青少社會工作練兵的大型活動，主要志願服務人員來自亞洲大學社工系師生，各種經費充足，包括志工和參與成員的訓練費用和保險金額，但是在基金會要求下並未發任何新聞稿。

　　後續的柬埔寨志願服務曾以募集腳踏車為主題，以美學創意啟蒙課程，以資訊教室及種子師資培訓計畫等為主題，十多梯次各種主題琳瑯滿目，期待後續者繼續努力。感恩系上謝玉玲老師多年來耗費時間、心力大力奉獻於這個計畫也成就了這個計畫。感謝基督宗教團體和組織多年來無怨無悔地協助亞洲大學。

　　這個計畫曾多次獲得國家獎項，曾分別得了金牌和銀牌。至於獎項具體叫什麼？大家來參與就知道了！

大學的社會實踐和永續創新：由阿罩霧出發的 SDGs 故事 / 蔡進發、柯慧貞 主編 . -- 初版 . -- 臺北市：時報文化出版企業股份有限公司，2021.07

　　面；　公分 . -- (View ; 100)

1. 高等教育 2. 社會服務 3. 志工 4. 文集

ISBN 978-957-13-9196-0( 平裝 )

525.39　　　　　　　　　　　　　　　　　　　　　　　　　　110010423

ISBN 978-957-13-9196-0

Printed in Taiwan.

VIEW 100

## 大學的社會實踐和永續創新：由阿罩霧出發的 SDGs 故事

主編　蔡進發、柯慧貞 | 作者　蔡進發、廖淑娟、賴昭吟、林錫銓、林家安、黃淑貞、王晴慧、吳樺姍、黃松林、沈金蘭、李美玲、蔣育錚、陳正平、蔡淵裕、陳峻誌、柯慧貞、曾憲雄、廖岳群、詹雯玲、林怡君、沈育芳、郭芸慈、王昭能、薛榮銀、李明明、黃聖雄、施養佳、林君維、蕭至邦 | 編輯顧問　一方青出版國際有限公司 | 執行編輯　陳信宏、羅育齡、黃朧穎 | 責任企畫　吳美瑤 | 美術設計　FE 設計 | 編輯總監　蘇清霖 | 董事長　趙政岷 | 出版者　時報文化出版企業股份有限公司　108019 臺北市和平西路三段 240 號 3 樓　發行專線—(02)2306-6842　讀者服務專線—0800-231-705．(02)2304-7103　讀者服務傳真—(02)2304-6858　郵撥—19344724 時報文化出版公司　信箱—10899 臺北華江橋郵局第 99 信箱　時報悅讀網—www.readingtimes.com.tw　電子郵件信箱—newlife@readingtimes.com.tw　時報出版愛讀者粉絲團—www.facebook.com/readingtimes.2 | 法律顧問　理律法律事務所　陳長文律師、李念祖律師 | 印刷　金漾印刷有限公司 | 初版一刷　2021 年 7 月 30 日 | 定價　新台幣 350 元 | （缺頁或破損的書，請寄回更換）